Nadja Schwarz
Kinder und Karriere, aber richtig!

Der Zytglogge Verlag wird vom Bundesamt für Kultur mit einem Strukturbeitrag für die Jahre 2016 – 2020 unterstützt.

© 2020 Zytglogge Verlag, Basel
Alle Rechte vorbehalten
Lektorat: Dr. Irène Fasel
Covergestaltung: Rocío Martín Osuna
Layout/Satz: 3w+p, Rimpar
Druck: CPI books GmbH, Leck

ISBN 978-3-7296-5052-7

www.zytglogge.ch

Nadja Schwarz

Kinder und Karriere, aber richtig!

Ein Leitfaden für Frauen,
die beides wollen,
und für Unternehmen,
die Kompetenzen sichern möchten

ZYTGLOGGE

Für Maja, Hanna, Paula und Dora

Inhalt

Prolog 11

Vorwort 13
Zweifel oder Interesse? 13
Vereinbarkeit von Karriere und Kindern 14
Warum es mehr Frauen braucht, die Karriere
machen 15
Nachhaltige Maßnahmen 16

Einleitung 18
Mutterschaft als Karrierenachteil 18
Ein kleiner Teich 20
Spagat zwischen zwei Welten 21

Teil I

Auslegeordnung – Wo stehen wir 2020? 25
Frauenförderung und Diversity-Programme 25
Schmale Spitze 26
Familienplanung als Tabu-Thema 27
Viele Frauen arbeiten – die meisten Teilzeit 28
  «Teilzeit-Lücke ist ein Problem, wenn es um
  höhere Management-Positionen geht» Daniel
  Zimmermann, Leiter HR CSS Versicherung 29
Gläserne Decke? 34
Gut ausgebildete Frauen mit Potenzial 36
Auslegeordnung im Überblick 37

«Ganzheitlicher Diversity-Ansatz holte die Frauenförderung aus der Emanzipations-Ecke» Michael Auer, Präsident des Hochschulrats FH Ost 37

Arbeit und Karriere – Broterwerb oder Berufung? . 41
Arbeit 41
Karriere machen 44
   «Wir haben genügend Frauen mit Potenzial – aber sie reduzieren meist ihr Pensum auf 40 Prozent» Nadine Gembler, Leiterin HR bei einer großen Stiftung 45
Veraltete Modelle 49
Spielregeln überdenken 50
   «Intellektuell wären wir gern weiter, als wir das im tiefen Innern sind» Michael Auer, Präsident des Hochschulrats FH Ost 51
Berufliche Laufbahn im Kontext des Familienmodells 55
Aufopfernde Mutter vs. Identifikation mit dem Beruf 56
«Mein Mann, unser Ernährer» 57
   «Ich glaube nicht an den klassischen Karrierepfad» Nathalie Bourquenoud, Leiterin Human Development die Mobiliar 57
Arbeit im Wandel 63
Corona-Krise als Katalysator 64
Wirtschaftssektoren und Gesellschaftsformen 65
Arbeit und Karriere im Überblick 66

Erreichbarkeit statt Präsenz – Die wichtigsten Voraussetzungen für höhere Frauenanteile im Management 68
New Work als große Chance 68

Wissensarbeit, die geistige Ergänzung der
Digitalisierung 70
Selbstdisziplin gefordert 72
«Die Technik erlaubt es, einen vollen Job zu
leisten, ohne immer vor Ort zu sein» Martin
Batzer, vormals CEO Novartis Pharma Schweiz i.
R. 73
Prozente hoch! Sonst bringt alles nichts 76
80 Prozent, Vollzeit und mehr 77
Eine Frage der Haltung 78
«Für eine Karriere braucht es einen Extra-Effort»
Anne Lévy, Direktorin Bundesamt für Gesundheit
BAG 79
Work Smart: mehr Flexibilität 83
Örtliche Mobilität 84
Zeitliche Flexibilität 86
Win-win 87
Selbstständigkeit im Angestellten-Dasein 91
Selbstbestimmung 93
Ein natürliches Bedürfnis 94
Kein Platz für Ineffizienz 94
Ideale Kombination gesucht 96
Klare Grenzen: Work-Life-Balance 97
Erreichbarkeit statt Präsenz im Überblick 100

**Die Rolle der Männer – Warum Frauenförderung
beide Geschlechter betrifft** 102
Offenbarungen im Corona-Modus 103
Digitalisierung verändert den Arbeitsalltag – auch
den der Männer 104
«Die Schweiz braucht landesweite
Tagesschul-Strukturen» Nicole Burth,
Verwaltungsrätin Ascom Holding AG 106

«Papi-Tag» und «Mami-Tag» 109
Rollenverteilung 110
   «Die Partner sind Teil des Vertrags» John
   Häfelfinger, CEO Basellandschaftliche
   Kantonalbank BLKB 114
Die Rolle der Arbeitgeber 118
Mutterschaftsurlaub oder Elternzeit? 118
Gemeinsam anpacken 119
«Milchbüchlein»-Rechnung 121
Die Rolle der Männer im Überblick 122

**Push- und Pull-Faktoren – Warum Unternehmen
ihre Mitarbeiterinnen verlieren** 123
Push-Faktoren: Was Frauen vom Karrierepfad
abbringt 123
Pull-Faktoren: Was Frauen an ihr Zuhause fesselt 125
Achtung Falle – Die klassischen Stolpersteine auf
dem weiblichen Karrierepfad 126
Die Fallen im Überblick 136

**Fazit – Konkrete Handlungsfelder für
Unternehmen** 137
Nichtrückkehrerinnen verursachen Kosten 138
Mutige Maßnahmen statt HR-Marketing-Storys 138
Modernisierung der Anstellungsbedingungen 139
Modernisierung der Arbeitsformen im Kontext der
Digitalisierung 143
Modernisierung der Geschlechterstereotypen 145

**Fazit – Konkrete Handlungsfelder für
ambitionierte Frauen** 150
Der richtige Job 150
Das richtige Umfeld 151

Hohe Arbeitsmarktfähigkeit 151
Konkrete Handlungsfelder im Überblick 152

Teil II

Bitte nachmachen – Frauen, die ihre Doppelrolle erfolgreich meistern 155
Anne-Kathrin: Partnerschaftliche Verteilung der Betreuungs- und Erziehungsarbeit 156
Annalisa: Vorsicht vor der Teilzeit-Falle 158
Céline: Kurze Wege als Grundvoraussetzung 161
Christa: Homeoffice birgt auch Gefahren 163
Corinne: Finanzielle Last gut verteilt 166
Esther: Großer Karriereschritt im Mutterschaftsurlaub 169
Flora: Traumjob dank passendem Arbeitgeber 171
Gabriela: In mehreren Etappen zum richtigen Setting 174
Jacqueline: Pendeln zwischen Vollzeitjob und Vollzeit-Hausfrau 177
Julia: Gute Vereinbarkeit dank origineller Arbeitszeiten 180
Karin: Schwanger zum Führungsjob 182
Katharina: Lieber kollegialer Austausch als totaler Freiraum 186
Nadine: Flexibilität im Familienverbund 188
Petra: Flexibel dank gutem Netzwerk 190

Prolog

Nadja Schwarz geht in ihrem Buch einem Thema nach, das hoch aktuell ist und einen zentralen Punkt im Leben vieler berufstätiger Frauen darstellt. Als hoch qualifizierte Fachfrau und Mutter von vier Kindern spricht sie einerseits aus Erfahrung, ergänzt ihren persönlichen Standpunkt andererseits durch umfassende Recherchen und Interviews mit Direktbetroffenen. Ihr Buch ist ein Beitrag zur Richtigstellung eines negativ besetzten Dilemmas: Mutter zu sein und Karriere zu machen sollte nicht als unvereinbar angesehen werden, sondern als Ausdruck einer eigenen Identität. Das Buch zeigt Instrumente und Lösungen auf, um dies zu ermöglichen.

Es liefert auch konkrete Beispiele für diese Instrumente und Lösungen, um Organisationen zu befähigen, mutige Schritte in Richtung eines geschlechtergerechten Arbeitsplatzes zu unternehmen.

Jetzt, da Work Smart zur Norm wird, haben wir eine große Chance, das Paradigma zu ändern und sowohl Männern als auch Frauen zu ermöglichen, alle Aspekte ihres Lebens effektiver und ausgewogener zu gestalten.

Simona Scarpaleggia, CEO EDGE Strategy

Vorwort

Unsere vierte Tochter war gerade sieben Wochen alt. Ich hatte für einen Tag Stillkleid gegen Business-Outfit getauscht und stand vor der versammelten Geschäftsleitung eines potenziellen Arbeitgebers. Ich war im Rennen für eine Leitungsfunktion im Vollzeitpensum und hatte gerade fünfzehn Minuten lang präsentiert, was ich als Fachexpertin zu bieten habe und wie ich mir meine Führungsrolle im Unternehmen vorstelle. Nun folgte die Fragerunde. Ich war gewappnet für diverse Fragen: zu meinen Qualifikationen, zu mehr oder weniger vorhandenen Erfahrungen und zu meinen Branchen-Kenntnissen.

Doch die Runde, die mir an jenem Nachmittag gegenübersaß, war vor allem an einem Thema interessiert. «Wie machen Sie das mit den Kindern?» Dies kam in Varianten drei Mal zur Sprache. Und so fand ich mich auf einmal in einem Verteidigungsplädoyer wieder. Ich argumentierte, dass mein Mann eine wichtige Rolle bei der Erziehung und Betreuung der Kinder einnehme und dass wir als Familie sehr gut organisiert seien. Gleichzeitig überlegte ich mir, ob man einem männlichen Bewerber mit vier Kindern die gleichen Fragen gestellt hätte.

Zweifel oder Interesse?
Die Problematik «Wie geht das mit Kindern und Job?» ist mir nicht neu. Alle Frauen, die ich kenne, die im hohen Prozentbereich arbeiten und Kinder haben, sind in ihrem Alltag damit konfrontiert. Ich gehe davon aus, dass es vor allem mit dem Exotenstatus zu tun hat, den wir als berufstätige Mütter fernab vom Halbtagsjob in der Schweiz bis heute einnehmen. Die Frage nach dem Wie kann jedoch ganz unterschiedlich

motiviert sein: Während künftige Vorgesetzte daran interessiert sind, dass eine Arbeitnehmerin ihre Leistung erbringen kann, steht bei jüngeren Kolleginnen mehr die Option im Zentrum «Wäre das auch etwas für mich?»

Vereinbarkeit von Karriere und Kindern
Um diese Frauen geht es in diesem Buch. Was brauchen sie, um beruflich auch als Mütter am Ball zu bleiben? Wie kann sich eine junge Familie organisieren, damit beide Elternteile ihre beruflichen Pläne weiterverfolgen können? Und was sind die entscheidenden Faktoren, dass sich die Vereinbarkeit von Familie und Beruf zwar als dichtes und anspruchsvolles Programm anfühlt, aber gleichzeitig auch unglaublich viel Spaß macht? Diese Fragestellungen haben mich schon beschäftigt, lange bevor ich selbst Mutter wurde. Ich habe genügend Kolleginnen gesehen, die trotz überdurchschnittlicher Intelligenz, guter Ausbildung und viel Erfahrung nach dem Mutterschaftsurlaub in unattraktiven Teilzeitjobs landeten. Mir persönlich war irgendwie immer klar, dass ich dereinst auch mit Kindern weiter meinen Beruf ausüben möchte – mit einem hohen Pensum.

Später, als ich bereits Kinder hatte und mein Arbeitgeber erste Versuche zur Erhöhung des Frauenanteils im Management unternahm, kam zur persönlichen Frage «Wie können wir das als Familie optimal schaukeln?» auch die allgemeine: «Was müssen Unternehmen machen, damit sie ihren Frauenanteil im Management nachhaltig steigern können?» Wie können Unternehmen verhindern, dass sie Mitarbeiterinnen aufbauen, die nach der Geburt der Kinder nicht mehr oder nur in einem kleinen Pensum an ihren Arbeitsplatz zurückkehren? 2019 bekam das Thema Lohngleichheit in der Schweiz mit dem Frauenstreik zusätzlichen Schub, die Vereinbarkeit von Karriere und Kindern wurde zum Trendthema. Und in Gesprächen mit Frauen, die beruflich ebenfalls im hohen Prozentbereich arbeiten, kam ich immer wieder zum Schluss: Wir brauchen keine spezielle Förderung als Frauen. Wir brauchen nur die Möglichkeit, unseren Weg zu gehen. Wir brauchen ein Umfeld und Vorgesetzte, die uns erlauben, unseren Berufsalltag so zu organisieren, dass wir unserer Rolle als Mutter dennoch gerecht werden können.

Ja, die Doppelbelastung ist unglaublich intensiv. Gerade wenn die Kinder noch klein und die Nächte nicht immer erholsam sind und gleichzeitig an der Jobfront sehr viel von einem verlangt wird. Aber wer – wie ich – auch im Job mit viel Herz bei der Sache ist, kann jede Menge positive Energie aus der Arbeit ziehen. Sein Geld mit etwas verdienen zu können, das einem Spaß macht und in dem man gut ist, das wirkt total beflügelnd.

Warum es mehr Frauen braucht, die Karriere machen
Die Debatten um die Altersvorsorge der Frauen, um Geschlechterquoten und der Fachkräftemangel machen deutlich, dass wir es uns als Gesellschaft nicht leisten können, auf das Potenzial des weiblichen Anteils unserer Bevölkerung größtenteils zu verzichten.

Die Wissenschaft hat das längst erkannt. 2014 veröffentlichte die Juristin Regula Kägi-Diener im Auftrag der Eidgenössischen Kommission für Frauenfragen EKF ein Arbeitspapier mit dem Titel «Frauenquoten in den Führungsetagen der Wirtschaft». Kägi-Diener war an der Universität St. Gallen Titularprofessorin für öffentliches Recht und hat in ihrem Aufsatz sehr schön ausgearbeitet, warum es mehr Frauen in der Unternehmensführung braucht. Neben rechtlichen/rechtspolitischen Beweisführungen und internationalen Verpflichtungen führt sie auch wirtschaftliche Gründe an: zum einen das Diversity-Argument, weiter die Tatsache, dass mehr

Frauen in der Führung mehr Rentabilität bedeuten und schließlich den Vorteil, dass Teams mit einem gewissen Frauenanteil näher an den weiblichen Zielgruppen eines Unternehmens sind. Für mich persönlich zentral ist jedoch das volkswirtschaftliche Argument: Während überall von drohendem oder bereits realem Fachkräftemangel geredet wird, nehmen wir es als Gesellschaft noch immer billigend in Kauf, dass ein Teil der gut ausgebildeten Arbeitskräfte nach der Geburt ihrer Kinder aus dem Wirtschaftssystem verschwindet oder in Positionen arbeitet, für die sie überqualifiziert sind. «Talente, die mit Steuergeldern ausgebildet wurden, brach liegen zu lassen, rechtfertigt sich aus volkswirtschaftlicher Sicht nicht, wenn es darum geht, die Wettbewerbsfähigkeit zu erhalten und den demografischen Wandel zu bewältigen», schreibt Regula Kägi-Diener in ihrer Studie.

Wenn zahlreiche Studien belegen, dass durchmischte Gruppen bessere Leistungen erzielen und wir es uns als Gesellschaft eigentlich nicht leisten können, einen Teil unseres Potenzials einfach aus dem System auszuschließen, drängt sich die Frage auf, was wir machen müssen, um Frauen mit Kindern das Weiterverfolgen ihrer beruflichen Laufbahn zu ermöglichen.

Nachhaltige Maßnahmen
Dieses Buch soll Managern und HR-Verantwortlichen Wege aufzeigen, wie sie in ihrem Unternehmen den Frauenanteil im Management nachhaltig steigern können. Acht Experten aus der Wirtschaft teilen in Interviews ihre Ansichten und langjährigen Erfahrungen als CEOs, Geschäftsleitungsmitglieder und HR-Leiter. Sie alle bekräftigen mit ihren Aussagen die These, dass es neben den organisatorischen und technischen Voraussetzungen vor allem die Motivation der Frauen braucht, auch mit Kindern im hohen Prozentbereich zu ar-

beiten und einen anspruchsvollen beruflichen Weg zu beschreiten.

Dieses Buch soll deshalb auch junge Frauen motivieren, ihre beruflichen Ziele nicht einfach hinten anzustellen, wenn sie Mütter werden. Mit Porträts über Frauen, die keine Super-Managerinnen aus dem Silicon Valley sind und keinen Stab an persönlichen Mitarbeitern zu Hause haben, soll dieses Buch aufzeigen, dass die Doppelrolle Mutter/Fachexpertin oder Mutter/Führungsperson auch für normale Frauen machbar ist.

Natürlich muss am Ende jede Frau für sich selbst entscheiden, wie stark sie sich als Mutter im Beruf engagieren will. Doch mein Anspruch ist es, dass sich die Frauen zumindest die Frage stellen, ob es außer dem klassischen Modell mit Vater im Vollzeitjob und Mutter mit Mini-Pensum auch noch andere Optionen gäbe. Mein Ziel ist es, dass wir berufstätigen Mütter mit hohem Arbeitspensum irgendwann unsere Exotenrolle ablegen können und unsere Wirtschaft einen vertretbaren Frauenanteil im Management vorweisen kann.

Einleitung

In Zukunft müssen in der Schweiz börsenkotierte Firmen in der Geschäftsleitung einen Frauenanteil von 20 Prozent aufweisen. Unternehmen, die diese Quote nicht erreichen, sind verpflichtet, sich im Vergütungsbericht zu erklären und entsprechende Gegenmaßnahmen zu ergreifen. Nicht erst seit National- und Ständerat 2018 respektive 2019 den entsprechenden Antrag des Bundesrats für eine sogenannt «weiche Frauenquote» angenommen haben, wird überall der Ruf nach mehr Frauen in den obersten Führungsetagen laut. In größeren Unternehmen wurden schon in den 1990er-Jahren im Rahmen umfassender Diversity-Initiativen Maßnahmen zur Förderung der weiblichen Mitarbeitenden ins Leben gerufen.

Mutterschaft als Karrierenachteil
Während ursprünglich vor allem die Geschlechterunterschiede ins Feld geführt wurden, um die schlechteren Chancen der Frauen im Karussell der beruflichen Karrieren zu erklären, steht heute fest: Es geht nicht wirklich ums Geschlecht. «Einer der Hauptgründe, warum Arbeitgeber weibliche Mitarbeiter nicht berücksichtigen, wenn es um die Besetzung neuer Posten, die Erweiterung des Aufgabenbereichs oder eine Beförderung geht, ist nicht die Tatsache, dass sie Frauen sind», schreibt Simona Scarpaleggia in ihrem Buch *Die andere Hälfte. Frauen fördern für eine starke Wirtschaft*. Simona Scarpaleggia war neun Jahre lang CEO von IKEA Schweiz, dann globale Chefin für die digitale Transformation der Arbeit im schwedischen Möbelkonzern und seit September 2020 globale CEO von EDGE Strategy. Sie sagt: Der Grund für die Karrierenachteile der Frauen liegt in ihrem Muttersein.

Die deutsche Betriebswirtin Olga Kemer geht in ihrer Publikation *Frauenförderung in Unternehmen* noch einen Schritt weiter: «Mutterschaft, sei sie nun gegeben oder nur potenziell, scheint sich als Handicap auszuwirken.» Allein die Möglichkeit, dass eine Frau in den nächsten Jahren Mutter werden könnte, dämpft ihre Karrierechancen. Der Grund dafür, dass auch 2020 die Frauen in den Führungsgremien noch immer untervertreten sind, ist also nicht ihre Weiblichkeit an sich. Es liegt an der Mutterschaft, respektive der Möglichkeit einer späteren Mutterschaft.

Es gibt erwiesenermaßen Fälle, in denen Frauen aufgrund der Tatsache, dass sie Mutter wurden, von ihrem Arbeitgeber benachteiligt wurden. Ein prominentes Beispiel ist hier sicher die Ärztin Natalie Urwyler, die sich vor Gericht erfolgreich gegen die diskriminierende Kündigung durch das Berner Inselspital wehrte. In der breiten Masse sind es jedoch nicht zwingend Vorgesetzte und Arbeitgeber, die den Frauen die Karrierechancen als Mütter verwehren. Es sind auch die Frauen selbst, die sich durch die Wahl ihres Arbeitspensums nach dem Mutterschaftsurlaub ein Stück weit aus dem Rennen nehmen: Auch wenn eine stattliche Anzahl Frauen in der Schweiz gut ausgebildet und voller Potenzial ist, so landet am Ende doch ein großer Teil davon in einem Teilzeitjob mit wenig Verantwortung.

In solchen Positionen ist es um ein Vielfaches schwieriger, die nötigen Erfahrungen für einen Managementjob zu sammeln. «Wenn Frauen, während sie kleine Kinder zu Hause haben, mehrere Jahre in niedrigem Pensum arbeiten, entsteht eine sehr große Teilzeit-Lücke», sagt Daniel Zimmermann, Leiter HR Management und Mitglied der erweiterten Geschäftsleitung bei der CSS Versicherung. Er ist einer der Experten aus der Wirtschaft, die im Rahmen dieses Buchprojekts interviewt wurden.

Ein kleiner Teich
Die wenigen Managerinnen, die es in der Schweizer Wirtschaft nach ganz oben geschafft haben, sind auf dem Markt begehrt. Auch auf der zweiten und dritten Führungsstufe werden die qualifizierten Frauen von Headhuntern umgarnt. Unternehmen, die eine nachhaltige Personalpolitik betreiben und sich ihre Führungskräfte intern aufbauen wollen, brauchen weiter unten genügend Frauen mit dem Potenzial für den Sprung ins Topmanagement. Da reicht es nicht aus, nur auf diejenigen Frauen zu setzen, die kinderlos sind. «Denn das führt dazu, dass der Pool, in dem wir auf der Suche nach Bewerbern fischen können, auf der Frauenseite wahnsinnig klein ist», sagt HR-Expertin Nadine Gembler im Interview.

Anders als im angelsächsischen Raum, in Teilen Asiens oder in Frankreich dominiert in der Schweiz ein Familienmodell, das nicht vorsieht, dass die Kinder die ganze Woche in der Kita betreut werden. Paare, die als Eltern beide Vollzeit arbeiten – ohne dass es finanziell zwingend nötig wäre – sind in der Minderheit. Unser Gesellschaftssystem und die Rollenbilder in unseren Köpfen sind auch 2020 noch darauf gepolt, dass der Mann als Haupternährer und die Mutter als Hauptverantwortliche für Haus und Nachwuchs funktionieren. «In der Deutschschweiz gehört es einfach nicht zum guten Ton, dass die Kinder fünf Tage pro Woche in der Fremdbetreuung sind», sagt die ehemalige CEO Adecco Schweiz Nicole Burth im Interview. Wenn wir den beruflichen Weg nach ganz oben nicht nur für kinderlose Frauen oder in Ausnahmefällen ermöglichen wollen, benötigt es Instrumente, die es Frauen im Alter zwischen dreißig und fünfundvierzig Jahren erlauben, im hohen Prozentbereich zu arbeiten und so karrieretechnisch am Ball zu bleiben. Auch dann, wenn sich außerhalb des Büros gerade alles um die Familie dreht.

Spagat zwischen zwei Welten
Wie soll das gehen? «Ich kann doch nicht an zwei Orten gleichzeitig sein.» Doch. Zumindest zu einem gewissen Grad ermöglichen uns Digitalisierung und neue Arbeitsformen, im Beruf voll präsent zu sein und trotzdem am Alltag der eigenen Kinder teilhaben zu können.

Dieses Buch zeigt in einer umfassenden Auslegeordnung, wo wir im Jahr 2020 beim Thema «Frauen in der Wirtschaft» stehen. Es beschäftigt sich mit der Frage, was arbeiten für uns bedeutet und was eine Karriere definiert. Dann beleuchtet es die Bedeutung, die durch die Verschiebung von der Präsenzkultur zu einem Arbeitsumfeld, bei dem die Erreichbarkeit im Vordergrund steht, für weibliche Karrieren entsteht. Es analysiert die Pull- und Push-Faktoren, die dazu führen, dass Unternehmen ihre Mitarbeiterinnen nach der Geburt der Kinder verlieren, und zeigt auf, welche typischen Fallen auf dem Karrierepfad auf Mütter lauern.

Weiter geht es mit konkreten Maßnahmen, wie Unternehmen ihren Frauenanteil nachhaltig steigern können, und mit Handlungsfeldern, in denen sich die Frauen selbst optimale Bedingungen für ihre berufliche Laufbahn schaffen können.

Im zweiten Teil kommen Frauen zu Wort, die ihren beruflichen Weg auch mit Kindern weiterverfolgt haben. Die als Fachexpertinnen oder Führungspersonen Karriere machen und so als Vorbild für junge Frauen dienen.

Teil I

Auslegeordnung – Wo stehen wir 2020?

Die Bestrebungen, die Chancen für Schweizer Frauen auf der Karriereleiter zu verbessern, sind nicht neu. 1994 verlangten 27'000 Unterzeichnende vom Bundesrat die Einführung eines bezahlten Mutterschaftsurlaubs für erwerbstätige Frauen. Bis der heute bestehende, 14-wöchige Mutterschaftsurlaub vom Stimmvolk angenommen wurde, dauerte es jedoch noch zehn Jahre.

Ein Jahr nach der ersten offiziellen Forderung einer Erwerbsausfallversicherung für Mütter wurde am 22. März 1995 die «Quoten-Initiative» eingereicht. Die Initianten forderten in ihrem Papier eine angemessene Vertretung der Frauen «unter Berücksichtigung der jeweiligen Eigenheiten jeder Behörde» in allen Bundesbehörden.

Frauenförderung und Diversity-Programme
Ein Ausdruck des Zeitgeists der 1990er-Jahre. Auch in größeren – meist internationalen – Unternehmen wurden damals erste Diversity-Programme auf die Beine gestellt. Neben der Integration von Menschen unterschiedlicher Herkunft und sexueller Orientierung sowie von Menschen mit Behinderungen ging es damals schon um die Förderung weiblicher Arbeitskräfte. «Aus meiner Sicht war es für die Frauen-Thematik hilfreich, dass sie durch den ganzheitlichen Diversity-Ansatz aus der Emanzipations-Ecke heraus kam», sagt Michael Auer, langjähriger Bankmanager und heute Präsident des Hochschulrats der Fachhochschule Ostschweiz im Interview.

Als HR-Chef und Mitglied der Geschäftsleitung der Raiffeisen Schweiz schuf Michael Auer vor zwanzig Jahren eine Diversity-Fachstelle. Die Bank setzte auf ein umfangreiches

Mentoringprogramm, veränderte die Anstellungsbedingungen zugunsten von Teilzeitarbeit in qualifizierten Berufsbildern und Führungsfunktionen, integrierte für mehr Managementdruck entsprechende Ziele in die Reporting-Instrumente und eröffnete eigene Kinderkrippen. Trotzdem zieht Michael Auer heute teilweise eine ernüchternde Bilanz: «Die Maßnahmen hatten nicht in der Zeit zum Erfolg geführt, wie wir uns das ursprünglich erhofft hatten.» Zwar hätten es in seinem ehemaligen Unternehmen ein paar Frauen nach oben geschafft, «aber das hat nicht allein mit dem Diversity-Programm zu tun.»

Warum das? «Einer der Hauptgründe, warum diese Maßnahmen in unzähligen Firmen nicht den gewünschten Effekt haben: Das Management wehrt sich unbewusst dagegen. Im tiefen Innern sind wir nicht am gleichen Punkt wie auf intellektueller Ebene», ist der Manager überzeugt.

Schmale Spitze

Wo stehen wir also heute? Sechsundzwanzig Jahre nach dem ersten politischen Vorstoß für einen bezahlten Mutterschaftsurlaub für Arbeitnehmerinnen in der Schweiz? Auch 2019 hatten gemäß Schillingreport gerade einmal vier der hundert größten Arbeitgeber hierzulande eine Frau an der operativen Spitze. Das ist nur ein Bruchteil des Frauenanteils bei der Gesamtbelegschaft (38 %). Wie erwartet nimmt der Anteil der weiblichen Mitarbeitenden mit jeder Hierarchiestufe etwas mehr ab: Während im mittleren Management knapp jede vierte Person weiblich ist, sind es im Topmanagement noch 16 Prozent Frauen und auf Geschäftsleitungsebene schließlich 10 Prozent.

Wenn wir den Frauenanteil auf der obersten Stufe ohne harte Quotenregelung steigern wollen, braucht es fähigen und willigen Nachwuchs. Und selbst wenn wir auf eine Quotenlösung setzen, braucht es die Mitarbeiterinnen, die nicht nur aufgrund ihrer Kompetenzen und Erfahrungen das nötige Rüstzeug mitbringen, ganz oben mitzuspielen. Sie müssen es auch wollen.

Familienplanung als Tabu-Thema
Gerade diesen wichtigen Faktor ignorieren herkömmliche Programme zur Frauenförderung jedoch häufig. Während viel Energie darauf verwendet wird, die Frauen in der Unternehmung zu finden, die von der Ausbildung, von der Erfahrung und von den persönlichen Eigenschaften her das Potenzial mitbringen, oben mitzuspielen, wird eine Thematik meist ausgeklammert: Ist die Frau bereit, auch mit Kindern ein hohes Arbeitspensum zu leisten? Die Ursache dafür liegt sicher auch in der Tatsache, dass Vorgesetzte ihre Mitarbeiter nicht fragen dürfen, ob sie Eltern werden möchten. Da Fragen zum Kinderwunsch arbeitsrechtlich in die Privatsphäre gehören, zählen sie im Bewerbungsgespräch zu den unerlaubten Fragen, die gegebenenfalls sogar mit einer Lüge beantwortet werden dürfen.

Was als Schutz der Arbeitnehmerinnen angedacht ist, damit sich aus ihrem Kinderwunsch keine Nachteile ergeben, kehrt sich in der Realität aber eher ins Gegenteil um: Wer mit seinem Vorgesetzten nicht offen über eine mögliche Familienplanung sprechen kann, hat auch nicht die Möglichkeit, verschiedene Szenarien einer Berufstätigkeit als Mutter frühzeitig durchzudiskutieren.

Die Folge: Der Themenbereich Kinder und Familienplanung wird «großräumig umfahren», wenn es um die Karriereplanung einer Mitarbeiterin geht. Bis zu dem Zeitpunkt, an dem die Angestellte eröffnet, dass sie schwanger ist. Und dann? Früher war klar: Meist schon mit der Heirat, spätestens mit der Geburt des ersten Kindes schieden die Frauen aus der beruflichen Laufbahn aus. Arbeit fand Montag bis Freitag von 8 bis 17 Uhr statt, Teilzeitpensen kannte man kaum. Daher leuchtet es ein, dass erste Programme zur Frauenförderung vor allem auf die Ermöglichung der Teilzeitarbeit setzten.

Viele Frauen arbeiten – die meisten Teilzeit
Diese Maßnahmen haben nachweislich gefruchtet: Immer mehr Frauen bleiben nach der Geburt der Kinder berufstätig, meldete das Bundesamt für Statistik im Frühling 2019. Wir haben in der Schweiz heute im internationalen Vergleich einen der höchsten Anteile weiblicher Erwerbstätigkeit. Die sogenannte Frauenerwerbsquote ist mit 79,9 Prozent (2018) sehr hoch. Doch die Erwerbsbeteiligung der Frauen ist von Teilzeitarbeit geprägt: Knapp ein Viertel (2018: 24,4 %) arbeitet in einem Teilzeitpensum von unter 50 Prozent. Zum Vergleich: Bei den Männern liegt dieser Wert bei 6,6 Prozent. Besonders groß ist der Anteil teilzeitarbeitender Frauen bei jenen, die Kinder haben: 2015 arbeiteten 80,6 Prozent der erwerbstätigen Mütter Teilzeit. Entsprechend hat nur jede fünfte Mutter einen bezahlten Vollzeitjob. Das durchschnittliche Pensum von Müttern mit Kindern unter neun Jahren liegt knapp über 50 Prozent. Wenn der Nachwuchs das 15. Lebensjahr erreicht hat, steigt das Arbeitspensum auf 59 Prozent an.

Das erklärt, warum sich der Frauenanteil von der Gesamtbelegschaft bis hoch zur Geschäftsleitung sukzessive ausdünnt. Teilzeitpensen unter 80 Prozent sind Karrierekiller – das lässt sich nicht schönreden. Unternehmen, die ihren Frauenanteil im mittleren und oberen Management steigern wollen, sollten sich also dafür engagieren, dass die Frauen im hohen Prozentbereich arbeiten. Eine Thematik, die bei den männlichen Mitarbeitern so gut wie keine Rolle spielt. Doch im Ge-

gensatz zu den Männern sind die beruflichen Biografien der Frauen eng mit ihrer familiären Situation verknüpft.

«Teilzeit-Lücke ist ein Problem, wenn es um höhere Management-Positionen geht»
Daniel Zimmermann,
Leiter HR CSS Versicherung

Daniel Zimmermann ist Leiter Konzernbereich HR Management bei der CSS Versicherung und in dieser Funktion seit 2016 Mitglied der erweiterten Geschäftsleitung. Eine Steigerung des Frauenanteils im Kader ist seiner Meinung nach nur möglich, wenn die Anstellungsbedingungen modernisiert werden.

Wie wichtig ist es Ihnen, einen vernünftigen Frauenanteil im Management zu haben?

Daniel Zimmermann: Das ist uns ein großes Anliegen. Und zwar nicht einfach, weil das Thema gerade modern ist. Wir sind als Unternehmen und ich auch ganz persönlich davon überzeugt, dass Vielfalt einen sehr wertvollen Erfolgsfaktor darstellt. Entsprechend ist Diversity in unserer Strategie einer der Erfolgsparameter. Wir verstehen darunter nicht nur die Geschlechterthematik, sondern auch Generationenmanagement und Vielfalt beim Thema Gesundheit.

Wie sieht es bei Ihnen im Unternehmen derzeit mit dem Frauenanteil aus?

Im gesamten Konzern ist der Anteil relativ hoch, er liegt bei 60 Prozent. Im Kader ist der Anteil 31 Prozent, das liegt unter dem Branchenschnitt in der Assekuranz von 34 Prozent, und diesen Prozentsatz wollen wir mit unterstützenden Rahmenbedingungen proaktiv entwickeln. Wir verfügen über großes Potenzial aufgrund der Geschlechterverteilung an der Basis und haben nun gezielt Initiativen lanciert, um den Frauenanteil im Kader zu steigern.

Was machen Sie konkret?

Wir sind uns bewusst, dass das ein langfristiger Prozess ist. Unser Ziel ist es, den Anteil von Jahr zu Jahr leicht zu erhöhen. Zu diesem Zweck wollen wir Rahmenbedingungen schaffen, die es den Frauen ermöglichen, im Beruf voranzukommen. Eine der Maßnahmen war die Modernisierung unserer Anstellungsbedingungen beziehungsweise Arbeitsmodelle wie Jobsharing, Homeoffice oder flexible Arbeitszeiten. Zudem ermöglichen wir mehr Flexibilität beim Mutterschaftsurlaub: Unsere Mitarbeiterinnen können frei wählen, ob sie nach der Geburt einen 16-wöchigen Mutterschaftsurlaub bei vollem Lohn beziehen möchten oder ob sie lieber zwanzig Wochen zu Hause bleiben und dafür in dieser Zeit nur 80 Prozent ihres Lohnes bekommen.

Diese Änderung betrifft Mitarbeiterinnen aller Stufen. Gibt es auch Maßnahmen, die explizit auf die Kaderleute abzielen?

Ja. Wir haben die Bedingungen für einen Kadervertrag angepasst. Mitarbeitende können ihre Kaderposition nun auch behalten, wenn sie Teilzeit arbeiten. Es müssen einfach mindestens 60 Prozent sein.

Wie ist es mit Führungspositionen?

Hier haben wir bewusst neue Möglichkeiten geschaffen. Heute haben wir bereits erfolgreiche Beispiele für Co-Leitungen im Unternehmen.

Wie kann das aussehen?

Wir haben zum Beispiel eine Mitarbeitende, die sehr gut ist, aber 60 Prozent arbeitet. Sie hat nun zusammen mit einem Kollegen, der 90 Prozent arbeitet, die Führung für ein großes Team übernommen. Während ihre Arbeitszeit vollständig für die Führungsfunktion reserviert ist, hat ihr Kollege auch noch andere Aufgaben. Das Zusammenspiel klappt sehr gut – nur unsere IT-Systeme sind noch nicht darauf ausgerichtet, dass sich zwei Menschen eine Führungsrolle teilen. Es wäre zum Beispiel ideal, wenn wir die Workflows nach Themen auf die beiden Personen aufteilen könnten. Das ist aber aktuell nicht möglich. Hier besteht noch Bedarf.

Wie sieht es bei Ihnen mit mobil-flexiblen Arbeitsmodellen aus?

Manche unserer Mitarbeitenden haben einen langen Arbeitsweg. Für sie besteht zum Beispiel die Möglichkeit, an einem oder mehreren Tagen in einer Agentur in der Nähe ihres Wohnorts zu arbeiten. Auch Homeoffice ist grundsätzlich denkbar. Uns war es einfach ein Anliegen, dass wir beim Homeoffice klare Regeln definieren und dass die Rahmenbedingungen geklärt sind.

Was kann bei der Stellenausschreibung helfen, dass sich die Frauen eher bewerben?

Wir überlegen uns derzeit, ob wir künftig alle 100-Prozent-Stellen mit «80 – 100 %» ausschreiben. Weiter unterstützen flexible Arbeitszeitmodelle die Gestaltung der Anstellung und ermöglichen die Vereinbarkeit von Familie und Beruf.

Selbst 80-Prozent-Pensen sind aber nicht gerade das, was Frauen mit Kindern häufig suchen. Was ist Ihre Erfahrung?

Bei der CSS kehren rund 75 Prozent der Mitarbeiterinnen nach dem Mutterschaftsurlaub zurück. Die überwiegende Mehrheit reduziert ihr Pensum auf 40 bis 50 Prozent. Wir fördern die Rückkehr, sie stellt uns aber auch vor Herausforderungen. Wir haben zwar viele Berufsbilder, die keine durchgängige Präsenz von Montag bis Freitag erfordern. Doch sobald es um Weiterbildungen oder Sitzungszyklen geht, steigt der Aufwand an: Wenn wir zum Beispiel eine eintägige Schulung anbieten, die für alle in einem bestimmten Bereich obligatorisch ist, ist bei den 40-Prozent-Angestellten die halbe Arbeitszeit in dieser Woche nicht produktiv. Zudem ist es auch eine Herausforderung für die Führungskräfte und die Mitarbeitenden selbst, dass sie bei kleinen Pensen thematisch nicht abgehängt werden.

Woran liegt es, dass die Mütter nicht mehr arbeiten wollen?

Zum einen sicher an den staatlichen Rahmenbedingungen. In gewissen Berufen lohnt sich das Arbeiten abzüglich Kinderbetreuung und Steuern kaum. Das andere ist die gesellschaftliche Situation: Eine Frau, die mit Kindern in einem hohen Pensum arbeitet, ist einfach nach wie vor eine Ausnahme und wird oft von der Gesellschaft nicht überall gleich akzeptiert.

Oft erhöhen die Frauen ihr Arbeitspensum dann, wenn ihre Kinder etwas größer sind. Was ist da aus Ihrer Erfahrung das kritische Alter?

Ich würde sagen, wenn das jüngste Kind etwa zehn Jahre alt ist. Bei zwei oder drei Kindern entsteht da eine sehr große Teilzeit-Lücke. Dies ist wirklich eine Herausforderung, wenn es um höhere Managementfunktionen geht.

Im Kontext der Frauenförderung tragen viele Unternehmen nach außen, dass sie Teilzeitarbeit anbieten. In der Realität ist es aber so, dass es gerade diese kleinen Pensen sind, durch die die Karrierechancen der Frauen massiv beschnitten werden. Ist es daher nicht kontraproduktiv, Kleinpensen zu erlauben?

Es ist offensichtlich ein Bedürfnis, Teilzeit im Bereich von 40 bis 50 Prozent arbeiten zu können. Wenn ich diese Teilzeitjobs nicht anbiete, verliere ich die Mitarbeiterin ganz. Für mich ist es eher zentral, dass gute Fachspezialisten ihren Kaderlohn durch die Pensenreduktion nicht verlieren. Das wäre Lohndiskriminierung.

Frauen, die kleine Kinder haben und sich auf 80-Prozent- oder Vollzeitstellen bewerben, werden im Bewerbungsgespräch fast immer gefragt «Wie machen Sie das mit den Kindern»? Wie soll man als Bewerberin in so einer Situation reagieren?

Grundsätzlich kann man ja davon ausgehen, dass eine Mutter, die sich auf eine Stelle bewirbt, die Kinderbetreuung während der Arbeitszeit organisiert hat. Als Bewerberin ist man am Job interessiert, daher wäre eine patzige Antwort sicher nicht hilfreich. An ihrer Stelle würde ich ruhig, aber deutlich darauf hinweisen, dass die Kinderbetreuung organisiert ist und im Alltag funktioniert.

Gläserne Decke?
In den 1980er- und 1990er-Jahren wurden im öffentlichen Diskurs vor allem unter dem damals populären Stichwort «Gläserne Decke» die Karrierenachteile von Frauen an sich beleuchtet. Heute steht viel mehr die Vereinbarkeit von Kindern und Karriere im Vordergrund. Zu Recht. Denn dass die Frauen auf der ersten oder zweiten Stufe der Karriereleiter

plötzlich nicht mehr mit im Rennen sind, hat nicht damit zu tun, dass sie weiblichen Geschlechts sind. Es liegt an der Rolle, die Mütter in unserer Gesellschaft einnehmen und die eine Auswirkung auf das Arbeitszeitpotenzial der Frauen hat. «Solange die Frauen nach dem Mutterschaftsurlaub nicht mindestens zu 70 oder 80 Prozent zurückkommen, bringe ich die Frauenquote nicht nach oben», sagte Nadine Gembler 2014 in einem Interview. Sie war damals schon über zehn Jahre Leiterin HR bei Coop und kannte die Hürden der Frauenförderung aus eigener Erfahrung. Auch 2020 landet noch immer ein Großteil der aufstrebenden Frauen mit Potenzial irgendwo zwischen Kürbisbrei und Kinderturnen. Der einzige Unterschied: Die Frauen leisten neben Kindererziehung und Haushaltsmanagement heute auch noch einen Teilzeitjob in der Wirtschaft.

Die mütterliche Berufstätigkeit ist inzwischen zur Norm geworden; das traditionelle Familienmodell mit dem Vater als Alleinverdiener verliert auch in der Schweiz zunehmend an Bedeutung. Frauen müssen nicht mehr begründen, warum sie einen Beruf ausüben, sondern eher, weshalb sie «nur» Hausfrau und Mutter sind. Das hält die Erziehungswissenschaftlerin Margrit Stamm in ihrem Buch *Neue Väter brauchen neue Mütter – Warum Familie nur gemeinsam gelingt* fest. Doch unter den Haushalten mit zwei erwerbstätigen Eltern dominiert noch immer das Modell «Vater=Hauptverdiener, Mutter=Teilzeitkraft». Da ist es nur eine logische Konsequenz, dass Frauen im oberen Kader in der Unterzahl und im Topmanagement eine Seltenheit sind. Selbst studierte Frauen um die vierzig sind häufig in Teilzeitjobs mit wenig Verantwortung und kaum Führungsaufgaben zu finden. Kinderkriegen hat für Frauen in der Schweiz so gut wie immer einen Karriereknick zur Folge.

Gut ausgebildete Frauen mit Potenzial
Schauen wir uns den Pool an, aus dem die Unternehmen qualifizierte Mitarbeitende für Spezialisten-Jobs und Führungspositionen rekrutieren: An der Basis sieht es gut aus. Die Zeiten, in denen junge Frauen nur die Höhere Töchterschule besuchten und dort alles lernten, was die perfekte Hausfrau und Mutter leisten muss, sind zum Glück vorbei. Längst ist es für junge Frauen normal, eine weiterführende Ausbildung zu absolvieren. Inzwischen werden schon mehr als die Hälfte (52 %) aller Hochschulabschlüsse in der Schweiz von einer Frau gemacht. Dieser Wert ist seit über zehn Jahren stabil. Das müsste Hoffnung machen. Denn in den 1980er-Jahren ging man in der Forschung noch davon aus, dass ein hohes Bildungsniveau bei den Frauen ihrer Diskriminierung im Beruf den Boden entziehen werde, wie Olga Kemer in ihrer Studie *Frauenförderung in Unternehmen* schreibt. Schauen wir jedoch aktuelle Statistiken an, zeigt sich, dass diese Annahme falsch war. Das Problem liegt nicht darin, dass die Frauen in den Unternehmen nicht über die nötige Ausbildung verfügen. Das Problem liegt vielmehr darin, dass die meisten von ihnen nicht die Ambition oder die Möglichkeit haben, auch als Mütter im Beruf noch durchzustarten.

Dabei gibt es sie, die jungen Frauen mit Potenzial und beruflichen Ambitionen. Sie starten mit viel Elan ins Berufsleben und schauen – genau wie ihre männlichen Kollegen – darauf, dass sie ihr CV attraktiv entwickeln können. Sie arbeiten an ihrer Fachkompetenz, trainieren ihre Projektfertigkeiten und sammeln erste Führungserfahrungen. Doch dann öffnet sich die Schere zwischen den Geschlechtern immer stärker. Der Grund: die Familienplanung.

Gerade gut ausgebildete Frauen, die ihr Studium erst mit Mitte zwanzig abschließen, warten damit meist bis nach dem dreißigsten Geburtstag. In der Folge fallen die Jahre, in denen die Frauen in ihrem beruflichen Engagement durch die Familiensituation am stärksten eingeschränkt sind, auf die Jahre zwischen dreißig und vierzig. Was für den persönlichen Lebensentwurf sicher Sinn macht, ist leider schlecht für die berufliche Laufbahn. Denn gerade in dieser Zeitspanne kriegen Karrieren traditionellerweise am meisten Schub. Selbst wenn entscheidende Karriereschritte erst nach vierzig erfolgen; der Grundstein dafür wird in den Dreissigern gelegt. Hier muss nachhaltige Frauenförderung ansetzen.

Auslegeordnung im Überblick

- In der Schweiz gab es schon vor 25 Jahren Bestrebungen zur Erhöhung des Frauenanteils in den Chefetagen.
- Die Frauenquote dünnt sich auch 2020 noch mit jeder Hierarchiestufe weiter aus.
- Im internationalen Vergleich sind in der Schweiz sehr viele der Frauen erwerbstätig.
- Die Frauen arbeiten jedoch oft in Teilzeitpensen.
- Teilzeitpensen unter 80 Prozent sind Karrierekiller.

«Ganzheitlicher Diversity-Ansatz holte die
Frauenförderung aus der Emanzipations-Ecke»
Michael Auer,
Präsident des Hochschulrats FH Ost

Mit dem Thema Frauenförderung war Michael Auer schon in den 1990er-Jahren konfrontiert. Später als HR-Chef und Geschäftsleitungsmitglied bei Raiffei-

sen Schweiz initiierte der Banker eine Diversity-Fachstelle und betreute jahrelang Mentees. Trotzdem zieht er im nachfolgenden ersten Teil seines Interviews bei der Frauenförderung eine ernüchternde Bilanz.

Was waren Ihre ersten Berührungspunkte mit dem Thema Frauenförderung?

Michael Auer: In den 1990er-Jahren ging es bei den Großbanken erstmals explizit um Frauenförderung. Später wurde das Thema Diversität breiter betrachtet. Hier war sicher entscheidend, dass für international tätige Unternehmen der große Stellenwert der Diversity-Thematik in den USA eine Rolle spielte. Aus meiner Sicht war es für die Frauen-Thematik hilfreich, dass sie durch den ganzheitlichen Diversity-Ansatz aus der Emanzipations-Ecke herauskam. Das führte zu einer breiteren Akzeptanz.

Sie waren ab 2000 HR-Chef, von 2008 bis 2018 Mitglied der Geschäftsleitung und 2018 und 2019 ein paar Monate CEO bei Raiffeisen Schweiz. Was haben Sie unternommen, um den Frauenanteil in den Führungsgremien der Genossenschaftsbank zu erhöhen?

Da wir im ganzen Verbund bei 300 Banken nur gerade fünf oder sechs Bankleiterinnen hatten und auch in den Verwaltungsräten der einzelnen Genossenschaften so gut wie keine weiblichen Mitglieder zu finden waren, wollten wir das Thema Frauenförderung strategisch angehen. Wir haben eine Diversity-Fachstelle ins

Leben gerufen und in drei Bereichen Maßnahmen lanciert: Ein Mentoringprogramm für junge Frauen sollte ihre Sichtbarkeit im Unternehmen erhöhen und ihnen die Chance geben, ein Netzwerk aufzubauen. Wir schafften in unseren Anstellungsbedingungen die Grundlagen, dass auch in Teilzeit in qualifizierten Positionen gearbeitet werden kann. Und schließlich bauten wir die Zielsetzungen im Bereich Frauenförderung in die Reportinginstrumente ein, um Managementdruck zu erzeugen.
Wir errichteten eine Diversity-Fachstelle mit zwei Personen, die eng mit der Hochschule St. Gallen zusammenarbeitete.

Welche Maßnahme hat am meisten gefruchtet?

Aus meiner Sicht klar das Mentoringprogramm. Alle Geschäftsleitungsmitglieder und die gesamte zweite Führungsebene betreuten jeweils eine Mentee, also eine junge Frau, die sie während eines Jahres coachten. Das Programm war relativ straff geführt, wir führten regelmäßige Schulungsblöcke durch und mussten vorweisen, was wir im Tandem erarbeitet hatten.

Wurde die Frauenförderung dadurch zum Selbstläufer?

Nein, es war eher so, dass uns nach den ersten paar Jahren Frauen mit Potenzial ausgingen. Schließlich öffneten wir das Programm für beide Geschlechter und machten daraus eine Talentfördermaßnahme.

Worüber sprachen Sie mit Ihren Mentees?

Ich nahm meine Tandempartner mit an Verwaltungsratssitzungen, öffnete ihnen die Türen zur Welt der Führungsgremien und gab ihnen die Möglichkeit, herauszufinden, ob diese Welt überhaupt etwas für sie wäre. In den persönlichen Gesprächen mit den Frauen standen Fragen wie «Wie ist das Klima untereinander in der Geschäftsleitung?», «Wie organisieren Sie das mit der Familie?» oder «Könnte ich das überhaupt?» im Zentrum. Bei den Männern ging es in erster Linie darum: «Wie komme ich nach ganz oben?»

Also der typische Geschlechterunterschied, wenn es um das Thema Karriere geht?

Ja. Während sich die Frauen sehr selbstkritisch fragen, ob sie auch wirklich das nötige Rüstzeug mitbringen und ob diese Laufbahn zu ihrem Lebensentwurf passen könnte, sind die jungen, aufstrebenden Männer eher der Ansicht, dass sie es viel besser könnten als die alten Männer an der Spitze.

Arbeit und Karriere – Broterwerb oder Berufung?

Dass die Frauen in der Schweiz zu einem großen Teil auch mit Kindern einem Beruf nachgehen, bedeutet nicht, dass sie gleichzeitig Teil der Quote sind, die für eine Karriere infrage kommt. Arbeiten an sich kann nicht mit «Karriere machen» gleichgesetzt werden. Es lohnt sich daher, die beiden Begriffe genauer zu beleuchten.

Arbeit
Warum arbeiten wir? Was ist unsere Motivation? Und was macht Arbeit aus? Wenn wir die Geschichte betrachten, kommt ihr, je nach Epoche, eine andere Bedeutung zu. Das 2015 erschienene Buch *Work-Life-Bullshit. Warum die Trennung von Arbeit und Leben in die Irre führt* des Journalisten und Autors Thomas Vašek ist eine Art Ode an die Arbeit. Entsprechend pointiert schreibt er: «Die Denker im antiken Griechenland verachteten die Arbeit.» Körperliche Arbeit habe als Tätigkeit gegolten, die Menschen moralisch wie geistig disqualifizierte – und eines freien Mannes unwürdig war.

Später, im Europa des Mittelalters, wurde von einem frommen Menschen erwartet, dass er getreu dem Motto «ora et labora» (*lat.* bete und arbeite) hart arbeitete. «In den Klöstern entstand auch die Trennung zwischen körperlicher und geistiger Arbeit. Während ein Teil der Mönche auf den Feldern arbeitete, mussten andere Texte abschreiben oder illustrieren», so Vašek. Besonders begabte Mönche hätten sich ausschließlich der Interpretation von Glaubensinhalten gewidmet. Als reine «Wissensarbeiter» seien sie von der körperlichen Betätigung befreit gewesen. Körperliche Arbeit wurde jedoch keineswegs so gering geschätzt, wie dies noch bei den alten Griechen der Fall war. «Die „Vita contemplativa", also das rein geistige Leben, sah man zwar als erstrebenswertes Ziel. Doch die körperliche Arbeit galt immer noch als von Gott auferlegte Pflicht», schreibt Vašek.

Als das Spätmittelalter ab dem 14. Jahrhundert durch die Frühe Neuzeit abgelöst wurde, änderte sich auch die Betrachtung der Arbeit: Sie wurde gesellschaftsfähiger und war nicht mehr grundsätzlich etwas, das nur sozial niedriger gestellte Personen verrichten mussten, wurde sie doch vermehrt auch mit Wohlstand in Verbindung gebracht. Anerkennung spielte in diesem Kontext eine wichtige Rolle.

Mit der Reformation ab 1517 fiel der Müßiggang in Ungnade. Arbeit wurde in der Folge zum Ideal hochstilisiert. Die daraus entstehende protestantische Arbeitsethik ist heute noch spürbar und bildet gemäß dem Soziologen Max Weber die Grundvoraussetzung für den Kapitalismus.

Lohnarbeit, wie wir sie heute kennen, wurde erst durch die Industrialisierung und die Beschäftigung in den Fabriken etabliert, was die Trennung von Arbeitswelt und familiärem Umfeld zur Folge hatte. Im heutigen Verständnis wird Arbeit entsprechend oft als Tätigkeit betrachtet, die einzig dazu dient, Geld für den Lebensunterhalt zu verdienen. Sie erhält in diesem Kontext den Charakter einer Notwendigkeit, allenfalls gar eines notwendigen Übels. Und wer seine Arbeit als notwendiges Übel betrachtet, wird gerne darauf verzichten, wenn Kinder ins Spiel kommen.

Nur wenn Frauen in ihrer Arbeit mehr sehen als das reine Zur-Verfügung-Stellen von Zeit und Know-how, werden sie freiwillig – also ohne dass es finanziell zwingend nötig ist – auch als Mütter in einem hohen Pensum weiterarbeiten.

Warum ist das so? Es geht um die Selbstverwirklichung. Sie ist die Voraussetzung dafür, dass wir in unserer Erwerbstätigkeit einen tieferen Sinn sehen. Um den «Sinn» der Arbeit besser zu verstehen, würden die Gedankengänge des deutschen Philosophen Georg Wilhelm Friedrich Hegel helfen, kommentiert Vašek weiter. In Hegels Philosophie gehe es im Kern um die Selbstentfaltung des menschlichen Geistes zu immer höheren Bewusstseinsformen. Als Menschen hätten wir die Fähigkeit, die äußere Wirklichkeit aktiv zu verändern – und sie uns anzueignen. Demzufolge ist Arbeit eine Möglichkeit für uns Menschen, unsere Vorstellungen in etwas Greifbares zu verwandeln. Dies führt zu mehr Selbsterkenntnis.

Noch einen Schritt weiter geht der Sozialphilosoph Axel Honneth. Er schreibt der Arbeit eine äußere Komponente zu, die auf dem Begriff der Anerkennung basiert. «Aus dieser Sicht ist Arbeit weder ein Mittel zum Zweck, noch liegt ihr Ziel in der Selbstverwirklichung», zitiert ihn Vašek. Vielmehr gehe es um Anerkennung von Arbeitsleistung in Form von Wertschätzung – und um den wechselseitigen Respekt von Personen, die in einer Marktwirtschaft füreinander tätig seien.

Die nachfolgenden Interviews mit gut ausgebildeten Frauen, die trotz Kindern in einem hohen Pensum einen anspruchsvollen Job leisten, zeigen deutlich: Sie betrachten die Arbeit keinesfalls als notwendiges Übel. «Ich mache das, was ich beruflich tue, unglaublich gerne», antworteten alle Befragten sinngemäß auf die Frage, warum sie sich auch mit Kindern in einem hohen Pensum engagieren würden. Zwar spiele die finanzielle Komponente eine Rolle, doch viel zentraler seien Anerkennung, Befriedigung und Selbstverwirklichung. Vielleicht müssten wir uns einfach wieder mehr an den alten

Griechen orientieren: geistige Tätigkeit nicht bloß als Arbeit im herkömmlichen Sinn, sondern in erster Linie als Muße zu betrachten.

Karriere machen
In diesem Zusammenhang stellt sich auch die Frage, was denn eigentlich «Karriere machen» bedeutet? Die Ärztin Jacqueline (siehe Teil II) entgegnete auf die Interviewanfrage zuerst, sie sei «nur bedingt karrierebewusst», ob sie wirklich die richtige Gesprächspartnerin für das Buch sei. Was also bestimmt, ob jemand «Karriere macht»? Ursprünglich stand der Begriff «Karriere» für die persönliche Laufbahn im Berufsleben. So gesehen macht also jeder und jede Erwerbstätige in einem gewissen Sinn eine Karriere. Im heutigen Sprachgebrauch wird Karriere jedoch synonym zum beruflichen Aufstieg verwendet. Karriere macht nach diesem Verständnis also nur, wer durch eine Abfolge von Stellen auf Fach- oder Führungsebene vorankommt. Unter dem Begriff «Karriere» wird demnach der meist lineare Aufstieg mit entsprechendem Lohnzuwachs verstanden.

Wenn wir als Gesellschaft erfolgreiche weibliche Karrieren fördern wollen, braucht es ein neues Verständnis von beruflichem Erfolg, und es braucht Spielregeln, die den Berufsalltag familienfreundlicher werden lassen. Zu diesem Schluss kommt auch die amerikanische Professorin Sylvia Ann Hewlett. In ihrem Buch *Off-Ramps and On-Ramps* geht die Ökonomin der Frage nach, was es braucht, um talentierte Frauen auf dem Erfolgsweg zu halten. Denn Karrieren sind nicht nur deshalb traditionell männlich, weil sie bis heute vor allem von Männern bestritten werden. Sie sind es auch, weil sie nach männlichen Spielregeln funktionieren.

Einflussreiche Männer-Seilschaften aus Militär und Service Clubs sind nur ein Beispiel dafür; der Anspruch an eine hohe

Präsenz und eine uneingeschränkte Verfügbarkeit ein anderes – und heute wahrscheinlich der weit wichtigere Faktor. Hewlett bringt daher ins Feld, dass es bei der Frauenförderung in erster Linie darum gehe, die Regeln des Karrierespiels zu ändern, damit sie für weibliche Talente besser realisierbar würden. Der positive Nebeneffekt: So verbessern sich auch die Chancen für Väter, eine realistischere Vereinbarkeit von Karriere und Familie zu finden.

«Wir haben genügend Frauen mit Potenzial – aber sie reduzieren meist ihr Pensum auf 40 Prozent »
Nadine Gembler,
Leiterin HR bei einer großen Stiftung

Nadine Gembler kennt in ihrer Funktion als Leiterin Personal – erst zwanzig Jahre bei einem großen Detailhändler und nun seit 2019 bei einer großen Stiftung tätig – die Arbeitgeberseite sehr genau. Die Förderung talentierter Frauen ist ihr ein Anliegen, das merkt man im Gespräch mit ihr schnell. Doch sie kann eine leichte Ernüchterung nicht verbergen. Ernüchterung darüber, dass sich Frauen als Mütter mit niedrigen Pensen meist selbst aus dem Rennen nehmen.

«Allein schon die Möglichkeit einer künftigen Mutterschaft dämpft die Karrierechancen der Schweizer Frauen.» Können Sie diese Aussage bestätigen?

Nadine Gembler: Ich habe nie erlebt, dass die Befürchtung, eine Bewerberin könnte irgendwann schwanger werden, ausschlaggebend für eine Absage war. Tatsächlich haben viele Frauen im oberen Management keine Kinder. Das führt dazu, dass die Auswahl im Pool der Topkader auf Frauenseite sehr klein ist. Die Frauen beenden mit der Geburt ihrer Kinder oft selbst ihre Laufbahn. Wer nur 40 oder 50 Prozent arbeitet, wird kaum Karriere machen. Auch Frauen in meinem Alter, bei denen die Kinder nun langsam erwachsen sind, bleiben meist in ihrem Teilzeitpensum, auch wenn sie ursprünglich geplant hatten, nach der Familienzeit wieder durchzustarten.

Wenn es um die Karriere im klassischen Sinn geht, können wir also von einer Teilzeit-Falle reden. Sind die Frauen folglich selbst schuld daran, dass sie beruflich nicht vorwärtskommen?

Fakt ist: Ich kam trotz großer Bemühungen in meiner Zeit als HR-Leiterin in einem Großkonzern nicht wirklich vorwärts mit der Frauenquote. Auch wenn das Bekenntnis zu mehr Frauen im oberen Management auf allen Konzernebenen da war: Das geht nur, wenn die Frauen sich das auch zutrauen und unbedingt wollen. Ich habe selbst viele Beispiele gesehen von Frauen mit Potenzial, die im mittleren Management erfolgreich arbeiteten. Dann gründeten sie eine Familie, und ich konnte oft erahnen, was ihr Arbeitswunsch für die Zeit nach dem Mutterschaftsurlaub sein würde: Ein Pensum von 40 Prozent war der Normalfall. In seltenen Fällen waren es 60 Prozent. Doch mit diesen Pensen ist eine Karriere einfach nicht realistisch.

Warum nicht?

Weil das Führen von Mitarbeitenden Erreichbarkeit und eine gewisse Nähe voraussetzt. Als Führungsperson wird man an der Wertschätzung und den Rückmeldungen, die man den Mitarbeitenden gibt, gemessen. Dafür braucht es Präsenz.

Was ist für Sie entscheidend, dass ein verantwortungsvoller Job auch in Teilzeit funktionieren kann?

Für mich ist die Erreichbarkeit außerhalb des Büros wichtig. Es geht nicht um eine Rund-um-die-Uhr-Verfügbarkeit oder darum, von der Angestellten mehr Arbeitsstunden einzufordern, als in ihrem Vertrag steht. Aber die Geschäftswelt steht nicht still, während eine Mutter ihre Kinder betreut. Frauen, die sich an ihren Familientagen nicht komplett abschotten und die Trennung zwischen Arbeits- und Familienleben nicht zu dogmatisch gestalten, sind sicher im Vorteil. Es geht nicht um Mehrarbeit, sondern um Flexibilität. Diese wiederum hängt stark davon ab, wie die Kinderbetreuung organisiert ist. Am Ende ist es eine Frage der Haltung, ob man in den modernen Kommunikationsmitteln nur ein notwendiges Übel sieht oder auch den Vorteil, den sie bieten. Für mich als HR-Expertin stellt sich die Frage, wie wir den Bilderabgleich zu diesem Thema schon im Anstellungsprozess hinbekommen.

Im Kontext der Frauenförderung tragen viele Unternehmen nach außen, dass sie Teilzeitarbeit fördern. Ist das zielführend?

Nicht wirklich. Denn die Schweiz hat schon heute eine sehr hohe Erwerbsquote bei den Müttern. Die Herausforderung hierzulande ist also nicht, die Frauen mit Kindern zum Arbeiten zu bewegen. Wir müssten erreichen, dass sie es in einem genügend hohen Pensum tun, zumal gut ausgebildete Frauen in kleinen Pensen oft Aufgaben wahrnehmen, für die sie komplett überqualifiziert sind. Das finde ich enorm bedauerlich. Bei meinem früheren Arbeitgeber zeigt sich bei den französischen Grenzgängerinnen ein anderes Bild. Anders als bei ihren Schweizer Kolleginnen war es für diese Frauen in der Regel nur die Frage, ob sie nach dem Mutterschaftsurlaub mit 80 oder 100 Prozent zurückkehren.

Worauf führen Sie das zurück?

Zum einen hängt es wohl mit der guten Verfügbarkeit von Tagesbetreuung in Frankreich zusammen. Daraus resultiert offensichtlich das gesellschaftliche Verständnis, dass eine voll berufstätige Mutter absolut normal ist. Andererseits ist sicher auch die Tatsache, dass das Einkommen der Frau für diese Familien eine große Rolle spielt, entscheidend.

Ist das bei Schweizer Familien nicht so?

Die jungen Paare stellen sich anders auf: Er bringt den Haupterwerb, sie arbeitet ein niedriges Teilzeitpensum. Ich sehe häufig das Modell 100/40 oder 80/40. Die Kinderbetreuung wird an drei Tagen von der Mutter geleistet, einen Tag übernehmen Großeltern und einen ist das Kind in der Kita oder beim Vater.

Ich sage: Ein Mann, der auf 80 Prozent reduziert, ermöglicht seiner Frau, in einem hohen Pensum zu arbeiten.

Wenn sie es denn machen würden! Ich sehe eher, dass die jungen Väter zwar auf 80 Prozent reduzieren, aber die Frauen dann trotzdem bei 40 Prozent bleiben. Wenn ich zaubern könnte, würde ich dieses 80/40-Modell einfach umdrehen. Ich bin absolut überzeugt: Wir haben grundsätzlich genügend Frauen mit Potenzial. Wenn sie sich als Mütter nicht mit einem niedrigen Teilzeitpensum ins berufliche Abseits bewegen würden, hätten wir genügend Frauen im oberen Management.

Veraltete Modelle
Sylvia Ann Hewletts Forschungsbereiche umfassen Talent Management, Workplace Transformation und Diversity – alles Themen, die der Verbesserung der Karrierechancen von Frauen und insbesondere Müttern in die Hand spielen. Unter dem Titel *The male competitive Model* schreibt die Ökonomin, das traditionelle Karrieremodell habe sich so entwickelt, dass es dem Lebensrhythmus von Männern aus dem Mittelstand der 1950er- und 1960er-Jahre entspreche. Der Erfolg dieses Modells beruht auf der traditionellen Arbeitsteilung zwischen Mann und Frau, in der er für den Broterwerb zuständig ist und sie Vollzeit Hausfrau und Mutter ist und so dem arbeitenden Mann den Rücken freihält.

Eine Reihe von Eigenschaften charakterisiert das traditionelle Modell: Der berufliche Werdegang ist in erster Linie durch lineare Steigerung der Karriere geprägt. Weiter werden Vollzeitarbeit und physische Präsenz am Arbeitsplatz stark betont. Grundsätzlich wird erwartet, dass im Alter von dreißig bis vierzig die persönliche Karriere am meisten Schwung bekommt. Außerdem dominiert die Annahme, dass sich Angestellte in erster Linie durch den Lohn motivieren lassen.

Natürlich gibt es immer wieder Frauen, die sich den Ansprüchen dieser Karrierewelt anpassen und die Sprossen der männlichen Karriereleiter erklimmen.

Spielregeln überdenken
Wenn wir wollen, dass künftig mehr qualifizierte Frauen mit dem notwendigen Background und der erforderlichen Erfahrung im Topmanagement arbeiten, dann müssen die Spielregeln überdacht werden: Neben dem klassischen linearen Werdegang von unten nach oben muss horizontale Entwicklung aufgewertet werden. Die hundertprozentige Anwesenheit am Arbeitsplatz ist zu hinterfragen. Statt des finanziellen Anreizes treibt Frauen im Beruf vor allem eine intrinsische Motivation an. Frauen erwarteten von ihrem Beruf Erfüllung und Herausforderung. Sie suchten im Arbeitsleben in erster Linie nach Sinn und seien weniger auf Geld und Macht fokussiert als ihre männlichen Kollegen, schreibt Carolyn Buck Luce, die an der Columbia School of International and Public Affairs «Management and Gender» unterrichtet, im Vorwort von Sylvia Ann Hewletts Buch *Off-Ramps and On-Ramps*. Eine weitere Motivationsquelle für berufstätige Frauen nennt Olga Kemer in ihrer Untersuchung: das Streben nach Unabhängigkeit. Frauen wollten nicht darauf verzichten, sich im beruflichen Umfeld zu verwirklichen und persönliche Wertvorstellungen einzubringen.

Das hat zur Folge, dass es für Arbeitnehmerinnen, die schon vor der Mutterschaft eine spannende Position mit Verantwortung haben, viel attraktiver ist, auch mit Kindern den Spagat zwischen Berufs- und Familienwelt zu bestreiten. «Frauen bleiben beruflich eher am Ball, wenn sie schon vor der Geburt entscheidende Karriereschritte machen konnten», sagt Bank-CEO John Häfelfinger im nachfolgenden Interview. Je attraktiver der Job, desto größer sei der gefühlte Verlust, wenn die Frauen ihren Beruf aufgrund der Kinder an den Nagel hängen.

Neben einem attraktiven Job und einem Arbeitsumfeld, das einem Befriedigung und Spaß beschert, brauchen Mütter aber auch Arbeitsmodelle, die es ihnen ermöglichen, bis zu einem gewissen Grad am Alltag ihrer Kinder teilzuhaben. Denn das in der Schweiz auch 2020 noch dominierende Bild einer Mutter sieht nicht vor, dass sie ihre Kinder von Montag bis Freitag um 6 Uhr in die Kita bringt und sie abends um 19 Uhr wieder abholt.

«Intellektuell wären wir gern weiter, als wir das im tiefen Innern sind»
Michael Auer,
Präsident des Hochschulrats FH Ost

Als langjähriges Geschäftsleitungsmitglied, als Verwaltungsrat und als Hochschulrat weiß Michael Auer, wie Führungskräfte ticken. Im zweiten Teil seines Interviews äußert er sich zur Bereitschaft von Vorgesetzten, sich auf alternative Arbeitsmodelle einzulassen. Er plädiert für eine Flexibilisierung des Mutterschaftsurlaubs und thematisiert die Rollenbilder, die unsere Gesellschaft prägen.

Was braucht es denn, um wirklich eine Verhaltensänderung bei den Führungskräften zu bewirken?

Michael Auer: Menschen sind nur unter zwei Bedingungen bereit, sich zu verändern: Leidensdruck und Lustgewinn. Nehmen wir die Teilzeit-Thematik. Solange ich problemlos einen adäquaten Ersatz für meine Mitarbeiterin finde, die Mutter wird und danach nur noch 60 Prozent arbeiten möchte, habe ich keine Lust, mich auf dieses Pensum einzulassen. Wenn diese Mitarbeiterin aber ein gesuchtes Profil mitbringt, das auf dem Arbeitsmarkt eher schwierig zu finden ist, bin ich eher zu Kompromissen bereit. Grundsätzlich ist es für die Chefs einfach am bequemsten, wenn die Leute dann im Büro sind, wenn sie selbst auch dort sind.

Die Digitalisierung ermöglicht flexiblere Arbeitsformen und erfordert auf der anderen Seite andere Fähigkeiten. Was bedeutet das für die Art und Weise, wie Unternehmen arbeiten?

Das Verständnis dafür, wie Hierarchien funktionieren, wird sich in den kommenden Jahren grundlegend ändern. Agil ist ein Stichwort, das momentan in allen größeren Organisationen kursiert. Für viele Manager aus meiner Generation ist es nur bedingt möglich, sich wirklich auf diese Arbeitsformen einzulassen. Wir sind in einer Welt beruflich sozialisiert worden, in der Hierarchien extrem wichtig waren. Agilität hat viel damit zu tun, unterschiedliche Kompetenzen in der Organisation richtig zu bündeln und jeden Experten in seinem Bereich eigenständig arbeiten zu lassen. Da stehen wir mit unseren traditionellen Organisationsstrukturen an; das traditionelle Modell der Unternehmensführung kommt zu einem Ende.

Sind diese Veränderungen nicht gleichzeitig eine große Chance für Frauen, die auch als Mütter Karriere machen wollen?

Die Digitalisierung führt dazu, dass verstärkt unterschiedliche Komponenten und Aspekte bei der Lösung eines Problems eine Rolle spielen. In diesem Kontext werden die Frauen mit ihren Kompetenzen sicher mehr gesehen. Und das hilft wiederum ihren Karrieren.

Was könnte sonst noch dazu verhelfen, den Frauenanteil in den Führungsgremien zu steigern?

Der Fachkräftemangel. Hier sind wir wieder beim Thema Leidensdruck. Wir können nicht einfach auf 50 Prozent der qualifizierten Leute verzichten. Wenn es schwieriger wird, Fachkräfte zu finden, müssen wir die Art, wie wir Arbeit zur Verfügung stellen, überdenken.

Welche Rolle spielt die Verfügbarkeit?

In Dienstleistungsbranchen wie dem Banksektor arbeitet ein Großteil der Menschen an der Kundenfront. Die Kundenbetreuung ist traditionell sehr auf Verfügbarkeit ausgerichtet. Es braucht ein radikales Umdenken in den Köpfen der Vorgesetzten, wenn wir auch in diesen Bereichen Frauen eine Karriere ermöglichen wollen.

Warum?

Weil es nicht sein kann, dass nur Frauen ohne Kinder oder mit einem Partner, der den traditionellen Hausfrauen-Part übernimmt, beruflich wirklich vorwärtskommen können. Schweizer Mütter wollen auch unter der Woche Zeit mit ihren Kindern verbringen, auch wenn sie im Beruf stark eingespannt sind.

Wie beurteilen Sie in diesem Kontext den verlängerten Mutterschaftsurlaub, den viele Unternehmen ihren Mitarbeiterinnen bezahlen?

Sechs Monate sind unglaublich lang. Wer ein halbes Jahr am Arbeitsplatz fehlt, kennt bei der Rückkehr einen Teil der Leute nicht mehr und hat Veränderungen verpasst. Ich denke, wir müssten hier den Mut haben, eine gewisse individuelle Flexibilität einzuführen. Zum Beispiel, dass die Frauen, die das wünschen, nur einen Teil der 90 Tage des normalen Mutterschaftsurlaubs gleich nach der Geburt nehmen und den Rest nutzen, um gestaffelt mit einem aufbauenden Pensum wieder an den Arbeitsplatz zurückzukehren.

Ein wirklicher Gewinn für die Förderung weiblicher Karrieren wäre es, wenn die Männer nach der Geburt ihrer Kinder ebenfalls ihr Pensum leicht reduzieren. Wie akzeptiert ist aus Ihrer Sicht heute ein 80-Prozent-Pensum bei Männern?

Die meisten Unternehmen stehen dem heute offen gegenüber. Aber ich glaube, dass es in der Wirtschaft noch immer die Ausnahme ist, dass ein Vater sein Pensum reduziert. Für mich ist das Problem in den Köpfen: Männer definieren sich über den Erfolg bei der Arbeit. Frauen stützen dieses Rollenbild implizit, in dem sie sich Partner aussuchen, bei denen der Job einen sehr hohen Stellenwert hat.

Und wie entscheidend ist das Rollenbild bei den Frauen in Bezug auf ihren Karrierewillen?

Ich bin überzeugt, dass ein Großteil der Frauen noch immer freiwillig die berufliche Laufbahn verlässt, um sich intensiv der Familie zu widmen. Das muss jede Frau und jede Familie für sich selbst entscheiden. Wichtig für uns als Gesellschaft und unsere Arbeitswelt ist, dass wir den Frauen mit Potenzial, die gerne auch mit Kindern noch Karriere machen wollen, diesen Weg nicht aufgrund von unbewussten Vorurteilen verbauen.

Berufliche Laufbahn im Kontext des Familienmodells
Da herkömmliche Karrieren für Männer in traditionellen Familienmodellen konzipiert wurden, erstaunt es nicht, dass bei der Definition des Begriffs Karriere unter einer typisch weiblichen Karriere meist das Beispiel mit Familienpause und Wiedereinstieg aufgeführt ist. Das Bild, das wir in unserer Gesellschaft einer Mutter zuschreiben, hat auch heute noch großen Einfluss darauf, wie sich weibliche Berufslaufbahnen

entwickeln. Hätten wir als Gesamtgesellschaft eine andere Vorstellung davon, was «eine gute Mutter» ausmacht, würde die Geschlechtersituation in den Schweizer Führungsetagen bestimmt anders aussehen. Denn bis heute gilt für die meisten: «Wenn Kinder da sind, kommen die an erster Stelle. Sonst muss man keine Familie haben.»

Mit dieser plakativen Aussage titelten auch die Wissenschaftler Diana Baumgarten, Matthias Luterbach und Andrea Maihofer 2017 ihren Artikel in der «Freiburger Zeitschrift für Geschlechterstudien». Darin behandeln sie Berufsidentität und antizipierte Mutterschaft vor dem Hintergrund «Frauen und der Druck, sich zu entscheiden». Die Forscher befragten im Rahmen ihrer 2019 veröffentlichten Studie *Antizipierte Elternschaft und Berufstätigkeit* Frauen und Männer im Alter von rund dreißig Jahren und kamen zum Schluss: Im Kontext der bürgerlichen Kleinfamilie hat sich ein Ideal der «liebenden Mutter» entwickelt, das von den Frauen eine uneingeschränkte Hingabe für Kinder und Familie erwartet.

Aufopfernde Mutter vs. Identifikation mit dem Beruf
Vor diesem Hintergrund spielt die Erwerbstätigkeit für die Frauen entsprechend eine untergeordnete Rolle. In der jüngeren Vergangenheit hat sich aber eines geändert: Immer mehr Frauen identifizieren sich stark mit ihrem Beruf. Zumindest bis zum Zeitpunkt, an dem sie Mütter werden. Die Folge: Das Spannungsverhältnis aus traditionellem Rollenbild der aufopfernden Mutter auf der einen Seite und der hohen Identifikation mit dem eigenen Beruf auf der anderen Seite setzt junge Frauen stark unter Druck.

«Mein Mann, unser Ernährer»
Die vom Schweizerischen Nationalfonds unterstützte Studie fördert weiter zu Tage, dass selbst junge Erwachsene, die noch keine Kinder haben, stark von traditionellen Familienbildern geprägt sind. Noch immer sieht sich die Mehrheit der Männer als künftige Haupternährer der Familie. Und die Frauen auf der anderen Seite gehen nicht davon aus, dass sie später die finanzielle Hauptverantwortung für die Familie tragen werden.

Die Forscher halten weiter fest: Die jungen Männer und Frauen müssen erst mühsam die gleichzeitig existierenden traditionellen und neuen Vorstellungen erproben, da sie kaum auf neue Vorbilder zugreifen können.

Da jungen Frauen im eigenen Unternehmen oft brauchbare Vorbilder fehlen, entstand die Idee, im vorliegenden Buch mögliche Vorbilder für junge Frauen zu porträtieren.

«Ich glaube nicht an den klassischen Karrierepfad»
Nathalie Bourquenoud,
Leiterin Human Development die Mobiliar

Nathalie Bourquenoud ist Leiterin Human Development und Mitglied der Geschäftsleitung bei der Mobiliar. Sie macht bewusst provokante Aussagen und produziert kleine Wellen. Denn nur so könne sie Bewegung in ihre Organisation bringen.

Nathalie Bourquenoud, was braucht es, damit künftig mehr Frauen auch mit Kindern Karriere machen?

Nathalie Bourquenoud: Die Karrieren, wie wir sie traditionellerweise im Kopf haben, entwickelten sich entlang eines Organigramms. Eine erfolgreiche Karriere verbucht so, wer erst zum Teamleiter, dann zum Abteilungsleiter und weiter zum Ressortleiter befördert wird. Heute entwickeln sich Karrieren aber ganz unterschiedlich – zum Beispiel, indem sich Mitarbeiterinnen und Mitarbeiter gezielt weiterentwickeln. Sei dies, indem sie eine neue Tätigkeit in einem anderen Bereich innerhalb des Unternehmens übernehmen, ein neues Projekt oder eine Führungsaufgabe.

Was macht denn heute eine erfolgreiche berufliche Laufbahn aus?

Im Zentrum stehen nicht mehr Funktionen oder dass man die Leitung über immer größere Kästchen im Organigramm hat. Wichtig ist die Rolle, die jemand innerhalb einer Organisation einnimmt. Oft übt eine Person in einem Unternehmen mehrere Funktionen gleichzeitig aus. Eine möglichst spannende Aufgabe zu haben, das ist für mich die neue Form der Karriere.

Wie muss man sich das konkret vorstellen?

Die Arbeitswelt ist massiv im Wandel. Wir bei der Mobiliar haben vor drei Jahren neben der klassischen Linienorganisation auch eine Netzwerkorganisation eingeführt. Eine Organisation, in welcher mit selbstorganisierten, interdisziplinären Teams iterativ und in kurzfristigen Rhythmen von drei Monaten, unter Anwendung von agilen Methoden gearbeitet wird. Genauso wie das klassische Organigramm im Tagesgeschäft kann sich die Netzwerkorganisation der Leute bedienen, die sie braucht, um der digitalen Transformation gerecht zu werden.

Welche Rolle spielen denn die Digitalisierung und moderne Arbeitsformen für die Unternehmen?

Die Art und Weise, wie wir uns als Unternehmen organisieren und miteinander arbeiten, wird sich radikal verändern. Dabei setzt die digitale Transformation die Rahmenbedingungen. Sie verändert auch laufend die Bedürfnisse unserer Kunden. Neue Technologien ermöglichen uns neue Arten der Zusammenarbeit und wie wir uns organisieren.

Hin zu einer Netzwerkorganisation?

Fakt ist, dass die meisten Unternehmen in der Schweiz noch heute auf einem tayloristischen Wirtschaftssystem aufgebaut sind. Damit steht ein möglichst wirtschaftlicher Betriebsablauf im Vordergrund der Organisation. Dieses Modell machte im Kontext der Industrialisierung absolut Sinn.

Welche Rolle spielt dieser Wandel von der industriellen Aufbauorganisation zur agilen Netzwerkorganisation für die Frauen in der Berufswelt?

Für mich stellt sich die Frage eher umgekehrt: Welche Rolle spielen die Frauen innerhalb einer Netzwerkorganisation? Und die Antwort lautet: eine große. Im Zentrum der Transformation steht die Bildung einer kollektiven Intelligenz. Jede einzelne Frau erhöht die kollektive Intelligenz der Gruppe eines bisher männlichen Teams.

Das klingt jetzt provokant ...

Das soll es auch sein. Mein Job ist es, Bewegung in unser Unternehmen zu bringen. Das kann ich nur, indem ich bewusst Wellen auslöse.

Im Herbst 2019 sagten Sie anlässlich eines Podiums von «Women in Business», dass es gesetzlich verboten sein sollte, dass Frauen ihr Pensum auf unter 70 Prozent reduzierten. Auch ein Versuch, eine Welle in Bewegung zu setzen?

Ich betrachte das wirklich als eine Möglichkeit, damit wir in zwanzig Jahren beim Thema Frauen in der Wirtschaft einen Schritt weiter sind. Nur durch solche Rahmenbedingungen werden auch die Ehemänner mehr in die Pflicht genommen, ihr Pensum zu reduzieren. Die Familienbetreuung ist noch immer zu einseitig zu Lasten der Frauen verteilt. Für die Familie als Gesamtes kommt unter dem Strich das Gleiche heraus: Die Kinder werden an drei Tagen pro Woche nicht von ihren Eltern betreut.

Warum dürfen die Frauen nicht einfach weiter ihr klassisches 40-, 50- oder 60-Prozent-Pensum arbeiten?

Weil es für uns als Unternehmen nicht wirtschaftlich ist. Ich persönlich glaube nicht an Teilzeit unter 70 Prozent bei einer Position, die zum Beispiel komplexe Projekte oder Teams führt. Ein Arbeitstag pro Woche geht dafür drauf, sich mit allen notwendigen Informationen zu versorgen. Mit dem Wandel der Arbeitswelt werden diese Informationen tendenziell eher zunehmen. Die ersten 20 Prozent eines Pensums sind also noch nicht produktiv. Wenn wir nun noch die notwendigen Aus- und Weiterbildungen dazurechnen, machen kleine Pensen in solchen Positionen aus Firmensicht keinen Sinn.

Dann reicht es also doch nicht, einfach irgendeine Frau in ein männliches Team zu stecken, damit sich die kollektive Intelligenz erhöht?

Nein. Voraussetzung ist, dass diese Person ihre Wirkung in der Gruppe entfalten kann. Hierbei spielen Präsenz und Durchsetzungsfähigkeit eine Rolle.

Wie wichtig ist Erfahrung?

Erfahrung ist für mich ein eher relativer Wert. Zentral ist die Expertise, die jemand auf einem Gebiet hat. Wenn jemand zehn Jahre Erfahrung auf seinem Gebiet mitbringt, aber nichts zum Erfolg beitragen kann, dann nützen diese zehn Jahre im konkreten Fall nichts.

Aufgrund ihrer Mutterschaft fehlt es den Frauen oft an Berufserfahrung. Wenn Erfahrung nicht mehr so wichtig ist, ist das also eine Chance für berufstätige Mütter?

Theoretisch ja. Aber wenn wir für eine Rolle ein Profil suchen, das in einem oder mehreren Bereichen eine Expertise vorweisen kann, dann ist es oft schwierig, Frauen zu finden.

Welche Rolle spielen die Möglichkeiten von Work Smart in dieser neuen Welt?

Eine wichtige. Wenn wir Bewegung in die Leute und in die gesamte Organisation bringen wollen, dann sehe ich drei Treiber: Zum einen braucht es physische Bewegung, damit sich auch mental etwas verändern kann. Wenn jemand jeden Tag im gleichen Büro das gleiche Bild anschaut und dabei immer wieder ähnliche Gespräche mit den gleichen Leuten führt, dann wirkt sich das auf die Mentalität aus. Mit einer offeneren Arbeitsumgebung, in der sich Arbeitsplätze und Pultnachbarn wechseln und die neue Möglichkeiten für die Zusammenarbeit bietet, schaffen wir die Voraussetzung für Veränderung. Den zweiten Schritt bilden organisatorische Elemente, wie die Entscheidungswege. Die Frage, wo die Verantwortung angesiedelt ist, welche Führungsinstrumente verwendet werden und wie das Vergütungssystem aufgebaut ist. Und der dritte Schritt ist die Unternehmenskultur, der Mindset. Damit die Leute offen und neugierig für die Veränderungen sein können, braucht es Vertrauen. Nur wer sich grundsätzlich wohlfühlt und nicht Angst um seinen Arbeitsplatz hat, ist bereit, Neuigkeiten positiv anzunehmen.

Die Arbeitsweise, die Sie beschreiben, wird heute auch in eher traditionellen Unternehmen bereits in Form von Projektarbeit gelebt. Ist es also eigentlich nichts Neues?

> Auf Mitarbeiterstufe können viele Unternehmen heute schon agil arbeiten. Aber wenn es dann darum geht, Entscheidungen zu fällen, finden sich diese Projektgruppen auf einmal wieder in den Strukturen der traditionellen Organisation. Agil entscheiden können wir heute noch nicht.

Arbeit im Wandel
Früher war es eindeutig: Wer sich an seinem Arbeitsplatz befindet, der arbeitet. Und wer nicht im Büro sitzt, der arbeitet logischerweise nicht. Heute gilt diese Grundregel nur noch sehr bedingt. In multinationalen Unternehmen spielen nicht nur die verschiedenen Zeitzonen eine Rolle, auch Mitarbeitende in verschiedenen Ländern bilden eine organisatorische Einheit. Selbst bei national oder regional tätigen Firmen ist die Art und Weise der Zusammenarbeit in jüngster Zeit einem Wandel unterworfen. Zum einen liegt dies an den veränderten Kundenbedürfnissen: Die Kundinnen und Kunden akzeptieren keine Mittagspause mehr, und erst an Feierabend haben die meisten Leute Zeit, sich mit ihrer Krankenkasse, ihrem Telekom-Anbieter oder anderen Dienstleistern in Verbindung zu setzen. Durch das Ausweiten der Servicezeiten über die Präsenzzeit eines einzelnen Mitarbeitenden hinaus entstand auch in Branchen eine Art Schichtarbeit, die mit den klassischen Schichtbetrieben wie Spitälern oder Fabriken wenig gemein haben.

Corona-Krise als Katalysator
Neben den geänderten Kundenbedürfnissen ist die Digitalisierung ein starker Treiber für Veränderungen in der Arbeitswelt. Sie stellt bewährte Abläufe und Prozesse infrage. Als im März 2020 der Schweizer Bundesrat die Arbeitnehmer zur Eindämmung der Verbreitung des neuen Coronavirus aufforderte, wenn irgendwie möglich im Homeoffice zu arbeiten, verschob ein Großteil der Schweizer Bürofachkräfte ihr Arbeitsumfeld auf einen Schlag in die eigenen vier Wände. Plötzlich war es in Unternehmen, in denen bisher die Devise galt «Bei uns gibt es kein Homeoffice», möglich, von zu Hause aus zu arbeiten. Unternehmen, die ihre IT-Infrastruktur bereits auf mobil-flexibles Arbeiten umgestellt hatten, waren nun deutlich im Vorteil. Sie konnten ihre Angestellten praktisch ohne Bruch dezentral weiterbeschäftigen. Hingegen mussten Firmen, die noch immer auf klassische Telefonie gesetzt hatten, ihre Mitarbeitenden nun teilweise bitten, die notwendigen beruflichen Anrufe über ihre privaten Nummern zu führen.

Im Kontext der Corona-Pandemie wurden Skype-Meetings, Zoom-Chorproben und Online-Unterricht plötzlich zum Normalfall. Selbst wer sich bisher gegen die Methoden moderner Zusammenarbeit gewehrt hatte, musste sich nun wohl oder übel damit auseinandersetzen. Die davor geltende Prämisse «Wir erledigen die Dinge physisch, es sei denn, es geht nicht anders» wurde auf einen Schlag abgelöst durch «Nur was sich auf digitalem Weg nicht lösen lässt, wird noch physisch erledigt».

Die Auswirkungen des Coronavirus wirkten wie ein Katalysator für die Digitalisierung der Arbeitswelt. Passend dazu kursierte in den sozialen Medien ein Bild, das die Frage stellte: «Wer hat die digitale Transformation Ihres Unternehmens geleitet?» Und bei den drei Antwortmöglichkeiten war neben dem CEO und dem CTO auch Covid-19 aufgeführt – und rot eingekreist.

Wie nachhaltig die Corona-Krise die Modernisierung der Arbeitswelt verändert, wird sich zeigen. Tatsache aber ist, dass einschneidende Veränderungen der Art und Weise, wie die Menschen arbeiten, wirtschaftsgeschichtlich zur normalen Weiterentwicklung unserer Arbeitswelt gehören.

Wirtschaftssektoren und Gesellschaftsformen
Historisch betrachtet lässt sich die wirtschaftliche Produktivität unserer Gesellschaft bis heute in vier Sektoren einteilen:

- Der **Primärsektor** steht für die Urproduktion; er liefert in der Regel die natürlichen Rohstoffe für ein Produkt. Im Primärsektor leben die Menschen in einer **Agrargesellschaft.**
- Der **Sekundärsektor** steht für die produzierenden Gewerbe; er ist materialintensiv, denn er verarbeitet die Güter des Primärsektors. Im Sekundärsektor leben die Menschen in einer **Industriegesellschaft.**
- Der **Tertiärsektor** umfasst alle Dienstleistungen, also Leistungen, die erbracht werden, aber nicht materiell fassbar sind. Im Tertiärsektor leben die Menschen folglich in einer **Dienstleistungsgesellschaft.**
- Der **Quartärsektor** umfasst Tätigkeiten aus dem tertiären Sektor, die besonders hohe intellektuelle Ansprüche stellen und ausgeprägte Verantwortungsbereitschaft erfordern. Im Quartärsektor leben die Menschen in einer **Informations- und Wissensgesellschaft.**

Diese Darstellung macht deutlich, dass Arbeitsformen schon immer dem Wandel unterlagen. Zudem zeigt die enge Verbindung von Wirtschaftssektoren und Gesellschaftsformen auf, wie stark Gesellschaftsstrukturen und Arbeitsformen voneinander abhängen und wie sie sich gegenseitig bestimmen. Die Arbeit hat sich seit dem Agrarzeitalter, aber auch seit dem Zeitalter der Industrialisierung stark gewandelt. Während im 18. und 19. Jahrhundert die Fabrikuhr sowie Wochenarbeitszeiten von 65 Stunden den Alltag bestimmten, wurde in den 1970er-Jahren in den westlichen Industriestaaten der Wandel hin zur Dienstleistungsgesellschaft eingeleitet. Die meisten Arbeitskräfte waren nun statt in Fabrikhallen in Büros im Einsatz. Im klassischen Bürojob dominierten aber noch immer fixe Arbeitszeiten und physische Präsenz. Das ist übrigens auch die Welt, in der die langjährigen Mitarbeiter von heute groß geworden sind. Es ist die Arbeitsform, die eine Mehrheit der heutigen Entscheidungsträger sozialisiert hat.

Doch die Zeit ist nicht stehen geblieben. Schon vor Corona stellten technische Neuerungen einerseits und die Arbeitsziele andererseits ganz neue Anforderungen an Unternehmen und Mitarbeitende. Der Übergang von der Dienstleistungs- zur Informations- und Wissensgesellschaft hatte in vielen Arbeitsfeldern bereits stattgefunden. Die Konsequenzen: eine gestiegene Nachfrage nach Fachkräften und die Relativierung der physischen Präsenz.

Arbeit und Karriere im Überblick

- Historisch gesehen hat sich die Vorstellung von Arbeit von der reinen Lohnarbeit hin zur Möglichkeit der Selbstverwirklichung gewandelt.
- Das herkömmliche Karrieremodell beruht auf dem traditionellen Familienmodell der 1950er- und 1960er-Jahre, bei dem die Frau dem Mann zu Hause den Rücken frei hält.

- Wenn mehr Frauen Karriere machen sollen, braucht es Möglichkeiten, Berufsleben und Familienleben so zu kombinieren, dass die Frauen ihren Ansprüchen in beiden Bereichen gerecht werden können.

Erreichbarkeit statt Präsenz – Die wichtigsten Voraussetzungen für höhere Frauenanteile im Management

Neue Arbeitsweisen sind längst nicht mehr nur Teil der Start-up-Welt. Spätestens seit der Corona-Pandemie im Frühling 2020 etablierten sie sich – teils gezwungenermaßen – auch im Alltag bewährter Unternehmen. Unsere Arbeitsformen sind spürbar im Wandel. In den meisten Jobs ist das Büro im Wesentlichen auf ein Notebook und ein Smartphone geschrumpft. Schnelles Internet ermöglicht es, grundsätzlich von überall aus zu arbeiten. Unter anderem durch die Globalisierung sind die klassischen 9-to-5-Arbeitszeiten aufgeweicht worden. Statt Präsenz spielt heute Erreichbarkeit eine große Rolle. Die modernen Kommunikationsmittel verwischen die Grenzen zwischen Berufs- und Privatwelt; die ständige Verfügbarkeit ist ein wichtiges Thema. Sie wird je nach Betrachtungswinkel als Fluch oder Segen empfunden.

Strukturell betrachtet haben wir heute das Paradoxon, dass die meisten größeren Unternehmen als Dienstleistungsfirmen (Tertiärsektor) konzipiert sind; dass aber ein wesentlicher Teil der Arbeit darin als Wissensarbeit (Quartärsektor) geleistet wird. Daraus ergibt sich ein Spannungsfeld, ein klassisches Delta.

New Work als große Chance
Die digitale Vernetzung und der damit einhergehende Kulturwandel stellen neue Herausforderungen an Unternehmen und Arbeitskräfte. Das Arbeitsumfeld strukturiert sich neu, und eine neue unternehmerische Denkweise ist gefragt. Bereits in den 1970er-Jahren entwickelte der österreichisch-amerikanische Sozialphilosoph Frithjof Bergmann das Konzept

des «New Work» – heute hat dieses Konzept durch Digitalisierung und Start-up-Welt massiv an Bedeutung gewonnen.

Bergmanns Idee: Flexible und wandelbare Arbeitsmodelle sollen starre Strukturen ablösen. An die Stelle klarer Hierarchien mit festen Kommando- und Zeitstrukturen treten flache Hierarchien mit Entscheidungskompetenzen bei den jeweiligen Experten. Die wichtigsten Elemente des New-Work-Trends: Selbstständigkeit, Freiheit und Teilhabe an der Gemeinschaft. Diese Werte sollen dem Menschen vor allem eines bieten: Handlungsfreiheit.

Und hier schließt sich der Kreis: Handlungsfreiheit und der nötige Spielraum, um den individuellen familiären Alltag möglichst gut zusammen mit den Anforderungen des Arbeitsalltags zu kombinieren, sind die entscheidenden Faktoren, wenn es um die Vereinbarkeit von Familie und Beruf geht. Den Fokus bei der Rekrutierung von Fachkräften auf die Frauen auszuweiten, ist zwar einerseits durch den drohenden Fachkräftemangel und durch die Vorgaben der Politik und Erwartungen der Gesellschaft angestoßen worden. Der technische Fortschritt und die Veränderungen in der Arbeitswelt machen es aber erst möglich, Familie und Karriere unter einen Hut zu bekommen.

New Work ist zum einen eine Chance für die Arbeitnehmenden: die Chance auf Flexibilität und Selbstverwirklichung. Zum anderen stellt New Work aber auch veränderte Anforderungen an die Angestellten. Oder, wie Joana Breidenbach und Bettina Rollow ihr Buch zum Thema betiteln: *New Work needs Inner Work.* Dezentrale Führung und selbstorganisierte Teams sollen Unternehmen ermöglichen, in einem komplexen und sich rasch verändernden Umfeld erfolgreich zu sein. Die Transformation hin zu diesen neuen Arbeitsformen brauche jedoch einiges an innerer Arbeit, schreiben die Autorinnen. Während klassische Organisationen ihre Strukturen meist prozessorientiert konzipiert haben, werden unter dem Begriff Agilität Organisationsstrukturen definiert, die Unternehmen die Fähigkeit geben, durch ständiges Reagieren auf sich verändernde Kundenwünsche im Wettbewerb gewinnbringend zu bestehen.

Wissensarbeit, die geistige Ergänzung der Digitalisierung
Die Normen, die im Europa der Nachkriegszeit ihre Richtigkeit hatten, sind längst überholt. Während Stempeluhr, fixe Arbeitszeiten und eine klare Trennung von Beruf und Privatleben früher durchaus Sinn machten, sind sie heute deutlich fließender. Es dominiert die Wissensarbeit. Unter diesem Begriff werden Tätigkeiten gesammelt, die sich um neue Lösungsansätze und kreative Konzepte drehen. Josephine Hofmann leitet am Fraunhofer-Institut für Arbeitswirtschaft und Organisation in Stuttgart das Competence Center Business Performance Management. Sie hat im Schwerpunktmagazin «Personalführung» der Deutschen Gesellschaft für Personalführung e.V. einen Fachartikel zur Gestaltung produktiver Wissensarbeit veröffentlicht. Unter dem Titel «Wissensmanagement und die Führung von Wissensarbeitern» erklärt sie, was unter dem Begriff zu verstehen ist: Es ist eine Arbeit, die fortlaufende Weiterentwicklung des eigenen Wissens voraussetzt. Wissensarbeit schafft neues Wissen und ist in ihrer Ausführung stark ziel- und ergebnisoffen. Zudem ist diese Arbeitsform sehr kommunikationsorientiert. Auch ist sie nur wenig routiniert, kaum vorhersehbar und in der Regel nicht standardisierbar.

Wissensarbeit bildet den Gegenpol zu Routinearbeiten, bei denen der Lösungsweg bereits vorgegeben ist. Im 21. Jahrhundert zählt sie zu den bedeutendsten Arbeitsformen. Sie setzt dort an, wo die Leistungen des menschlichen Gehirns nicht einfach durch ein Computerprogramm oder einen Roboter ersetzt werden können; kann also als geistige Ergänzung zur Digitalisierung verstanden werden. Wichtige Voraussetzungen für eine gute Leistung im Kontext dieser Wissensarbeit sind das richtige Einsetzen und die entsprechend optimale Entfaltung persönlicher Fähigkeiten wie Kreativität, Denk- und Urteilsvermögen und Kommunikation. Wer Mitarbeitende rekrutieren möchte, die als Wissensarbeiter eingesetzt werden können, sollte den Fokus auf Fähigkeiten wie Flexibilität, Veränderungsbereitschaft, Agilität, Analysefähigkeit, Innovationsfähigkeit, Lösungsorientierung und vernetztes Denken richten.

Moderne Wissensarbeitende seien von einer starken Eigenmotivation getrieben, und sie seien selbstbewusst in ihrem Tun, schreibt Hofmann. Für die Führung bringt dies die Herausforderung, dass auch mit den unterschiedlichsten Lebensformen, Lebensstilen und den daraus resultierenden Bedürfnissen umgegangen werden muss. Wissensarbeit stellt die Arbeitsprozessorganisation vor neue Herausforderungen. Wissensarbeitende erwarten Sinnstiftung durch ihre Tätigkeit – und entsprechen damit spannenderweise stärker dem typisch weiblichen Karrieretypus, der Sinnhaftigkeit vor Macht und finanzielle Anreize stellt.

Ebenfalls typisch für Wissensarbeit: Statt physischer Präsenz rückt die Erreichbarkeit ins Zentrum. Es ist wichtiger, die Mitarbeitenden im entscheidenden Moment erreichen zu können, als dass jeder im Team fünf Tage pro Woche am ihm zugeteilten Arbeitsplatz im Büro sitzt. Wissensarbeit hört nicht zwingend dann auf, wenn der Laptop zugeklappt wird. Nicht selten entsteht die Lösung eines Problems auf dem Nachhauseweg, abends auf dem Sofa oder beim Spazieren im Wald.

Wer morgens als Erster im Büro sitzt und abends als Letzter das Licht ausmacht, ist also nicht mehr automatisch das beste Pferd im Stall. Der Output eines modernen Wissensarbeitenden hängt weniger von seiner Präsenzzeit, als viel mehr von seiner Leistungsfähigkeit, seiner Kreativität und seiner Fähigkeit, komplexe Zusammenhänge zu erkennen, ab.

Auch vor diesem Kontext ist es zwingend, die altbewährten Arbeits- und Karrieremodelle zu überdenken. Wenn nicht mehr maximale Präsenz entscheidend ist, wenn die Verfügbarkeit neu definiert wird und sich der Fokus auf den Output richtet, bekommen Karrieren neue Dimensionen. Durch New Work und Wissensarbeit setzen sich neue Arbeitsformen durch, die Daueranwesenheit im Büro relativieren. So machen Laptop und digitale Telefonie ein Café oder das heimische Wohnzimmer zum dezentralen Arbeitsort und das Smartphone, das beide Kommunikationskanäle in einem vereint, ist als Minimalstform des Büros immer in der Hosentasche mit dabei.

Damit kommen wir zurück zur Thematik der Frauenkarrieren: Vor diesem Hintergrund wird es auch für Frauen mit Kindern attraktiv und möglich, die Sprossen der Karriereleiter zu erklimmen. Die Möglichkeiten der Digitalisierung verbessern die Vereinbarkeit von Familie und Beruf generell und von Familie und beruflicher Verantwortung im Speziellen. Erstmals in der Wirtschaftsgeschichte können Mütter (und Väter) die volle Verantwortung im Beruf außerhalb des familiären Umfelds wahrnehmen und trotzdem ihre Kinder auch unter der Woche nicht nur im Pyjama antreffen.

Selbstdisziplin gefordert
Natürlich haben die Digitalisierung und die damit einhergehende Dauer-Erreichbarkeit auch Schattenseiten: Während früher die Bürothemen im Büro blieben, trägt man sie heute nach Hause und ständig bei sich. Das wochenlange Arbeiten

im Homeoffice während der Corona-Pandemie kristallisierte die Frage heraus: Wann hört die Arbeit eigentlich auf, wenn der Laptop mit den Arbeitsmails immer in Griffweite ist? Es benötigt eine gute Selbstdisziplin und genügend Achtsamkeit, damit die Vorteile der Digitalisierung nicht zur Belastung werden. Wer jedoch einen vernünftigen Umgang mit seinem Smartphone findet und nicht spätnachts noch kurz die Mails checkt, um danach grübelnd wach zu liegen, kann sich die Vereinbarkeit deutlich erleichtern.

«Die Technik erlaubt es, einen vollen Job zu leisten, ohne immer vor Ort zu sein»
Martin Batzer,
vormals CEO Novartis Pharma Schweiz i.R.

Martin Batzer war von 1997 bis 2001 CEO Novartis Pharma Schweiz und später bis zu seiner Pensionierung Global Head Real Estate & Facility Services. Er ist eine Führungskraft, die den gesamten Wechsel von Schreibmaschine und Telegramm zu Computer, Tablet und Smartphone aktiv mitgemacht hat.

Sie verantworteten am Ende Ihrer Karriere ein international aufgestelltes Team im technischen Bereich. Was waren Ihre besonderen Aufgaben als Führungsperson?

Martin Batzer: Gerade im technischen Bereich ist es nicht trivial, für den richtigen Nachwuchs zu sorgen. Ich musste Kandidaten finden, die man in Führungspositionen entwickeln konnte.

Welche Rolle spielte dabei die Diversität?

Eine große. Nicht nur in den Führungspositionen. Auf allen Ebenen sollten die Teams möglichst divers aufgestellt sein.

Mit welcher Auswirkung?

In meinem Führungsteam änderte sich das Klima spürbar, als mehr andere Kulturen und Frauen vertreten waren. Die Energie wurde ganz anders, arbeiten machte so deutlich mehr Spaß. Vielleicht brauchten wir manchmal länger, um alle völlig überzeugt zu sein und eine Entscheidung zu treffen. Die Qualität der Entscheidungen war jedoch deutlich besser, und in der Umsetzung waren wir sehr effizient.

Ein Problem beim Frauenanteil im Topmanagement ist, dass die weiblichen Mitarbeitenden nach der Geburt ihrer Kinder meist nur in ein Teilzeitpensum von 40 oder 60 Prozent zurückkehren. Das reduziert ihre Karrierechancen. Wie sehen Sie das?

Ich finde, dass die physische Präsenz inzwischen nicht mehr eine so wichtige Rolle spielt. Die neuen Arbeitsformen haben das stark relativiert. Die Person, ihre Fähigkeiten, ihr Wissen und Können stehen dem Unternehmen heute auch zur Verfügung, wenn sie nicht physisch vor Ort ist.

Können Sie das konkretisieren?

Ja. In meinen frühen Arbeitsjahren herrschte eine ganz andere Kultur: Es gab klare Aufgabengebiete, eine klare

Abgrenzung. Der Arbeitsablauf war sequenziell, Schritt für Schritt. Man war viel mehr Einzelkämpfer. Projektarbeit sah so aus, dass einer etwas erarbeitete und dann dem nächsten im Prozess einen Brief schrieb. Wenn es für eine Lösung mehrere Parteien gleichzeitig benötigte und die Personen dazu noch alle an einem Ort waren, wurde eine Sitzung einberufen. Waren die Personen weltweit an verschiedenen Orten, wurde eine Telefonkonferenz organisiert. Dann musste man aber im Vorfeld die notwendigen Unterlagen per Post zustellen, damit alle die gleichen Informationen vor sich hatten. Da können die Jungen heute nur lachen.

Was bedeuten diese Veränderungen für Frauen, die auch als Mütter Karriere machen wollen?

Erst die technischen Entwicklungen haben es möglich gemacht, dass man einen vollen Job leisten kann, ohne immer vor Ort zu sein. Das ist für Mütter, die Karriere machen wollen, sicher förderlich.

Was sehen Sie aus Ihrer Erfahrung für Möglichkeiten, um mehr Frauen dazu zu bewegen, dass sie ihrem Job erste Priorität geben, auch wenn sie Kinder haben?

Es ist aus meiner Sicht nicht eine Frage der Priorität. Entscheidend ist viel mehr, ob sie die geistige Präsenz haben können, die ihre Position in der Firma erfordert. Wenn die Familie mich braucht, hat die Familie immer Priorität. Und das ist gut so.

Was halten Sie vom Begriff der Work-Life-Balance?

Ich weiß, dass diese Fragestellung in den letzten Jahren viel an Bedeutung gewonnen hat. Für mich persönlich ist sie jedoch nicht relevant. Wenn meine Arbeit nichts mit dem eigentlichen Leben zu tun hat, wird es schwierig. Arbeit ist für mich nicht Erwerbszweck, sondern Teil meines Lebens, meines Beitrags an die Gesellschaft. Gerade in Führungspositionen darf es nicht nur darum gehen, die Arbeit als Möglichkeit zu definieren, Geld zu verdienen. Wenn man nicht auf der strikten Trennung von Freizeit, Berufs- und Familienwelt besteht, kann man sich dank der heutigen technischen Möglichkeiten sehr gut organisieren.

Welche Unterschiede im Einsatz für die Karriere konnten Sie bei Frauen und Männern feststellen?

Bei Frauen ist der Ehrgeiz oft ein ganz anderer. Da ich ja nicht daran interessiert bin, die ehrgeizigste Person zu fördern, sondern die kompetenteste, spielt das eine untergeordnete Rolle.

Prozente hoch! Sonst bringt alles nichts
Im traditionellen Verständnis ist Karriere eng verknüpft mit Vollzeitarbeit – meist sogar über die vertraglich vereinbarten Wochenstunden hinaus. Auch wenn wir den Verlauf einer Karriere nach modernen Gesichtspunkten wie Digitalisierung und Wissensarbeit beleuchten, spielt das Arbeitspensum noch immer eine zentrale Rolle. Dass Frauen auch dann arbeiten, wenn sie Kinder haben, bedeutet daher nicht automatisch, dass sie potenziell Karriere machen werden. Oder, um es in

den Worten von HR-Expertin Nadine Gembler zu sagen: Mit einem Halbtagsjob schwimmt man nicht in dem Pool, in dem bei der Besetzung von wichtigen Positionen gefischt wird.

Nehmen wir zum Beispiel eine Person, die jeweils Montag bis Mittwoch ihr 60-Prozent-Pensum absolviert: Sie ist von Mittwochabend bis Montagmorgen an der Arbeitsstelle nicht verfügbar. Wer eine Position innehat, in der Entscheidungen gefällt werden müssen, wird so rasch zum Nadelöhr für relevante Prozesse. Daher landen solche «Teilzeiter» häufig in Jobs mit wenig Verantwortung. Sie betreuen kaum Dossiers mit größerer Tragweite und sind nur selten in Projekte involviert, die über den eigenen Wirkungsbereich hinausgehen. Wer jedoch nur in seinem «Kämmerlein» vor sich hin arbeitet, dem fehlt die innerbetriebliche Plattform. Das ist ein zusätzliches Problem: Wer vorwärtskommen will, muss gesehen werden.

80 Prozent, Vollzeit und mehr

Ein Pensum von 80 Prozent und mehr zählt im Kontext der Vereinbarkeitsdebatte als Vollzeitpensum. Das ist wichtig, denn insbesondere von Führungskräften wird erwartet, dass die höchste Priorität dem Arbeitsleben gelte, schreibt Maxi Raida in ihrer Dissertation mit dem Titel «Die Vereinbarkeit von Arbeit und Familie von Führungskräften», die sie 2015 an der Technischen Universität in Darmstadt verfasste. Hohe Verfügbarkeit und überdurchschnittliches Engagement sind Voraussetzung dafür, in einer komplexen und sich rasch verändernden Berufswelt Karriere machen zu können. Teilzeit sei karrieretechnisch so gut wie immer eine Sackgasse, sagt auch Executive Researcher Guido Schilling im Interview mit Simona Scarpaleggia in deren Buch *Die andere Hälfte*. Anders als auf Verwaltungsratsebene seien für Positionen in der

Geschäftsleitung noch immer häufig traditionelle Wege gefragt, so der Rekrutierungs-Experte. Während zu Karriereplänen also ein Vollzeitpensum passt, korreliert mit dem Muttersein eher ein Teilzeitpensum. Und schon sind wir mitten im Dilemma der aufstrebenden weiblichen Mitarbeitenden.

Grundsätzlich sind Frauen heute eher dazu bereit, auch mit Kindern einen Beruf auszuüben. Doch zwischen «Arbeiten» und «Karriere machen» besteht ein großer Unterschied. Dieser zeigt sich zuerst im Pensum und manifestiert sich entsprechend in der Verantwortung und im Gehalt.

Früher mussten sich Frauen entscheiden: Will ich eine Familie oder will ich Karriere machen? Heute müssen die Arbeitnehmerinnen mit Kindern entscheiden: Will ich ein bisschen arbeiten oder will ich ernsthaft Karriere machen? Nach wie vor ist die Arbeit so organisiert, dass auf Anforderungen der privaten Alltagsarbeit und auf familiäre Verpflichtungen nur wenig Rücksicht genommen wird. Das stellte auch Olga Kemer in ihren Untersuchungen fest. Das heißt: Erst kommt die Arbeit und dann basteln sich alle mühevoll ihre kleine Welt drum herum. Warum ist das so? Der Grund liegt im bereits erwähnten Karrieremodell der Nachkriegszeit. Damals stellte es kein Problem dar, dass die Arbeit bestimmte, wann und wie viel der Vater zu Hause war. Denn fürs Häusliche war ja die Mutter alleine und in Vollzeit zuständig.

Eine Frage der Haltung
Warum können heute die beiden Bereiche einander nicht gleichwertig gegenübergestellt werden? Warum können Angestellte nicht selbstverständlich ihre Arbeitswoche so gestalten, dass sie ideal zu den Anforderungen des Familienalltags passen? Wenn wir davon ausgehen, dass die Mitarbeitenden nicht einfach ihre Soll-Zeit absitzen, sondern in ihrem Beruf und mit ihrem Tun ernsthaft etwas erreichen wollen, dann

dürfen wir ihnen auch zutrauen, dass sie alles daransetzen, auch vor diesem Hintergrund alles zu geben. Menschen, die mit Herzblut ihrem Job nachgehen und über Teamgeist verfügen, sind jederzeit ernsthaft darum bemüht, ihren Alltag so zu organisieren, dass die relevanten Geschäftsabläufe funktionieren. Wer seine Arbeit liebt und den Sinn in den ihm aufgetragenen Tätigkeiten sieht, setzt alles daran, dass Fristen eingehalten werden, dass Prozesse geschmeidig funktionieren und dass Projekte erfolgreich über die Bühne gehen. Die modernen Kommunikationsmittel machen es möglich. «Es ist eine Frage der Haltung», sagt Nadine Gembler im Interview. Frauen, die sich in ihrer privaten Zeit nicht komplett von der Arbeit abschotten, seien sicher im Vorteil.

Die Unternehmen müssen ihren Angestellten einfach den nötigen Spielraum und das dazugehörige Vorschussvertrauen geben.

«Für eine Karriere braucht es einen Extra-Effort»
Anne Lévy,
Direktorin Bundesamt für Gesundheit BAG

Anne Lévy ist seit Oktober 2020 Direktorin des Bundesamts für Gesundheit. Davor fungierte sie als CEO der Universitären Psychiatrischen Kliniken Basel (UPK). Sie fordert Gleichberechtigung vor allem auch in den Haushalten.

Sie haben in einem Interview gesagt: «Wenn man einen tollen Job will, muss man sich zu 150 Prozent einbringen.» Ist eine Karriere mit einem 80-Prozent-Pensum nicht möglich?

Anne Lévy: Nein, so war das nicht gemeint. Mir geht es um Folgendes: Wenn man nur durchschnittlich arbeitet, kann man zwar einen anständigen Job machen, aber man wird keine Karriere machen. Dafür braucht es einen Extra-Effort. Es geht mir nicht um die Anzahl Stunden. Die Haltung zählt.

Können Sie ein Beispiel machen?

Meine Stabschefin bei der UPK arbeitete 80 Prozent. Aber ich merkte die fehlenden 20 Prozent nicht wirklich. Klar war sie nicht immer da, aber sie übernahm die Verantwortung für ihre Aufgaben und schaute, dass sie alles zur rechten Zeit parat hatte. Das heißt, sie sah es als ihre Verantwortung, die Arbeit zu erledigen und gleichzeitig die 80-Prozent-Anstellung einzuhalten.

Können Sie schon in einem Bewerbungsverfahren feststellen, ob jemand die richtige Einstellung hat?

Wenn jemand im Vorstellungsgespräch fragt, ob es denn möglich sei, immer um zwölf Uhr nach Hause zu gehen, um rechtzeitig das Mittagessen auf dem Tisch zu haben, dann ist für mich klar, dass das nicht funktionieren wird. Das heißt nicht, dass es nicht möglich sein soll, vor zwölf Uhr den Arbeitsplatz zu verlassen. Aber in anspruchsvollen Jobs wird es Tage geben, wo das nicht geht. Deshalb darf so was nicht im Vorstellungsgespräch genannt werden. Von einem Mann habe ich so eine Frage noch nie gehört, aber ein Mittagessen zuzubereiten kann nicht allein das Thema der Frauen sein.

Sondern?

Der gesamten Familie. Da gehört der Vater der Kinder auch dazu. Mütter müssen die Verantwortung für den Haushalt und die Kinder mit ihrem Partner teilen. Dann bedeutet ein Kind nicht automatisch, dass sie den Karrierepfad verlassen muss, sondern dass gemeinsam der Alltag geplant wird und der Mann genauso in der Verantwortung steht.

Wie verhindern Sie, dass Frauen nach einer Geburt nur noch in niedriger Teilzeit zurückkehren?

Ich bin der Meinung, dass die Frauen nicht erwarten können, dass sie nach einer Geburt die gleiche Stelle in einem halben Pensum wieder aufnehmen können. Wenn eine Mitarbeiterin oder ein Mitarbeiter auf 80 Prozent reduzieren möchte, dann kriegen wir das organisiert. Verhandeln kann man immer, auch für weniger Prozente. Als Arbeitgeberin bin ich flexibel – wenn auf der anderen Seite das Entgegenkommen ebenfalls stimmt.

Wie wirkt sich ein Teilzeitpensum auf die Motivation aus?

In den meisten Jobs gibt es Dinge, die man gerne macht und solche, die man eher weniger spannend findet. Meine Erfahrung zeigt, dass solche Aufgaben zusammengefasst etwa einen Tag pro Woche ausmachen. Diese Menge an unattraktiver Arbeit bleibt gleich groß, wenn man das Pensum reduziert. Wenn jemand nur noch 50 Prozent arbeitet, hat er oder sie also 1,5 Tage interessante Arbeit und einen Tag Routinearbeit. Die interessantere Arbeit wird auf andere Kolleginnen und Kollegen mit höheren Pensen verteilt. Das hat zur Folge, dass der Job mit der Pensumsreduktion unattraktiver wird, was dann wiederum dazu führt, dass viele Frauen ganz aufhören zu arbeiten.

Wie kann man verhindern, dass sich eigentlich ambitionierte Frauen «erst mal nur um die Kinder kümmern» und daher kündigen?

Motivation ist der Schlüssel. Hier ist der Arbeitgeber in der Pflicht: Ich muss die Arbeit so interessant machen, dass die Frauen gerne arbeiten kommen. Die Verantwortung sehe ich aber auch bei den Ausbildungsstellen. Man muss den Frauen gegenüber ehrlich sein und sagen «Ja, Teilzeit ist möglich, aber damit wird die Arbeit uninteressanter, Karrieremöglichkeiten reduzieren sich, der Lohn ist tiefer und die Pensionskasse wird nicht gefüllt.» Man darf, kann und soll auch mit Kindern 80 oder 100 Prozent arbeiten – Männer und Frauen.

(Das Interview mit Anne Lévy wurde Ende 2019 geführt, als sie noch CEO der Universitären Psychiatrischen Kliniken Basel war.)

Work Smart: mehr Flexibilität
Flexibilität ist einer der wichtigsten Faktoren, wenn es um die Vereinbarkeit von Familie und Beruf geht. Während früher die Arbeit ausschließlich zu geregelten Zeiten am Arbeitsplatz stattfand, sind die Grenzen durch die Digitalisierung fließender geworden. Fünf große Arbeitgeber haben 2015 die «Work Smart Initiative», einen Verein zur Förderung flexibler und mobiler Arbeitsformen in der Schweiz, ins Leben gerufen. Inzwischen haben über zweihundert Schweizer Unternehmen die entsprechende Charta mitunterschrieben.

Ende 2019 gab die Schweizer Bundesverwaltung bekannt, dass die Richtlinien für mobiles Arbeiten der Bundesangestellten angepasst werden. Wer im Zug auf dem Weg ins Büro oder nach Hause arbeitet, kann sich dies als Arbeitszeit anrechnen lassen. Wer die Pendelzeit nicht nur als Arbeitszeit nutzen, sondern auch noch als solche anrechnen lassen kann, arbeitet somit länger, ohne dadurch die Zeit zu Hause zu verkürzen.

Abgesehen vom Arbeiten im Zug erweist sich Homeoffice als die wohl populärste Form mobil-flexiblen Arbeitens. Die Vorteile liegen dabei auf der Hand: Wer von zu Hause aus arbeiten kann, spart sich den Weg. Da der durchschnittliche Arbeitsweg in der Schweiz dreißig Minuten in Anspruch nimmt, kann so durch einen Homeoffice-Tag im Schnitt eine Stunde eingespart werden.

Mütter und Väter können auf diese Weise die Zeit reduzieren, in der sie sich nicht selbst um den Nachwuchs kümmern können. Homeoffice bringt mehr Familienzeit. Eine halbe Stunde klingt vielleicht nicht nach viel – aber diese dreißig Minuten morgens und abends können eine echte Entlastung für den Familienalltag bringen, ohne dass die Arbeitsleistung darunter leidet.

Gerade mit Kindern im Schulalter ist das regelmäßige Arbeiten von zu Hause aus für Eltern zudem eine ideale Lösung, um die betreuungsfreie Zeit vom Verlassen des Hauses bis zur Rückkehr der Kinder maximal zum Arbeiten zu nutzen. Wenn sich die Eltern nicht auch noch selbst bürotauglich anziehen, sondern nur den Nachwuchs ordentlich gekleidet in die Schule schicken müssen, bringt dies weitere Entlastung im eng getakteten Familienmorgen.

Durch die Arbeit im Homeoffice kann außerdem das in der Schweiz noch immer weit verbreitete Mittagsloch – also die Tatsache, dass in vielen Gemeinden keine Ganztagsbetreuung mit Mittagstisch angeboten wird – optimal überbrückt werden. Arbeiten beide Eltern einen Tag pro Woche im Homeoffice, müssen nur noch drei von fünf Mittagen außerhalb der Kernfamilie organisiert werden. Neben Homeoffice gehen die Möglichkeiten mobil-flexiblen Arbeitens jedoch noch weit über das Laptop-Aufklappen am Küchentisch hinaus.

Örtliche Mobilität

Zu den weiteren Spielarten mobilen Arbeitens gehört die Möglichkeit, an einem anderen Firmenstandort, in einem Co-Working-Büro oder unterwegs im Zug zu arbeiten.

Historisch betrachtet spricht man übrigens von Telearbeit. Unter diesem Begriff werden in der Forschung noch heute sämtliche Arbeitsformen subsumiert, die es Mitarbeitenden ermöglichen, einen Teil oder die ganze Arbeitszeit außerhalb des Firmengebäudes zu leisten. Zu den drei Hauptformen gehören: Teleheimarbeit, Alternierende und Mobile Telearbeit. Ein Angestellter, der Teleheimarbeit leistet, verfügt über keinen Arbeitsplatz in den Räumlichkeiten seines Arbeitgebers, sondern erledigt seine ganze Verpflichtung von zu Hause aus. Was wir heute fachsprachlich als Homeoffice bezeichnen, wurde in der frühen Forschung Alternierende Telearbeit genannt. So Praktizierende nutzen einen Arbeitsplatz im Unternehmen und arbeiten zusätzlich an gewissen Tagen von zu Hause aus. Die dritte Form, Mobile Telearbeit, wird in erster Linie von Kundenberatern und Vertretern praktiziert. Sie verrichten ihr Pensum an wechselnden Orten, gegebenenfalls mit Zugriff auf die Unternehmens-IT.

Im Kontext von Telearbeit und Homeoffice spielt die IT eine zentrale Rolle. Denn im Unterschied zur weit verbreiteten Heimarbeit in der Textil- und der Uhrenindustrie in der Schweiz während der Frühindustrialisierung arbeiten moderne «Heimarbeiter» im Angestelltenverhältnis und sind von der Infrastruktur des Unternehmens nicht vollständig losgelöst. Telearbeit, respektive das heutige Homeoffice-Konzept, wurden erst durch die Weiterentwicklung der Informationstechnologien möglich. In den 1970er-Jahren gab es in den USA erstmals Untersuchungen bezüglich Potenzial und Verbreitungsgeschwindigkeit der sogenannten Telearbeit. Das neue Phänomen wurde damals geradezu euphorisch aufgenommen. Da erstaunt es nicht, dass das Potenzial dieser Arbeitsform deutlich überschätzt wurde: Noch in den 1990er-Jahren ging man davon aus, dass sich Telearbeit rasant verbreiten würde.

Der erwartete Siegeszug des Homeoffice fand jedoch bis zum Ende des 20. Jahrhunderts nicht statt. Zum einen lag dies an der seinerzeitigen Informationstechnik: Die Datenverbindung zu Unternehmen konnte nur unter großem Aufwand hergestellt werden. Dass die Verantwortlichen, mit Blick auf den Mehraufwand, unter derartigen Voraussetzungen nur sehr zurückhaltend in Arbeitsmodelle mit Homeoffice-Anteil einwilligten, ist verständlich. Erst seit sogenannte Remote-Verbindungen, also der Fernzugriff auf den Desktop eines Computers, möglich sind, können Angestellte ohne

Mehraufwand über einen Onlinezugang auf einen definierten Teil ihrer Arbeitsplatzumgebung zugreifen. Heute setzen viele Firmen auf Notebooks, mit denen ihre Angestellten entweder im Büro, an einem anderen Firmenstandort, von zu Hause aus oder auch im Zug arbeiten können. Bezahlbare Abonnements für mobiles Internet tragen hier ebenfalls einen wichtigen Teil dazu bei.

Neben den technischen Voraussetzungen braucht es nicht zuletzt auch die passende Führungs- und Arbeitskultur, damit Homeoffice zum Erfolgsmodell wird. Bei einem Führungsstil, der stark auf physische Präsenz der Mitarbeitenden setzt, sind Mitarbeitende im Homeoffice höchstens in Ausnahmesituationen akzeptiert. Inzwischen setzt sich aber ein neuer Arbeits- und Führungsstil durch, der nicht mehr ausschließlich davon ausgeht, dass Leistung an Präsenz gekoppelt sein muss.

Zeitliche Flexibilität
Parallel zur örtlichen Mobilität wird auch die zeitliche Flexibilität stark thematisiert. Oftmals passen die Schulzeiten der Kinder nicht wirklich zu den Arbeitszeiten der Eltern. Wer seine Arbeitszeiten so legen kann, dass er oder sie die Kinder in Ruhe in Kindergarten und Schule schicken und sich erst dann auf den Weg ins Büro machen kann, wird in guter Verfassung in den Arbeitstag starten.

Im Begriff «mobil-flexibles Arbeiten» bezieht sich daher das Wort «flexibel» nicht nur auf die örtliche, sondern auch auf die zeitliche Dimension. Wer sagt, dass Büroarbeiten immer von «9 to 5», also zu den klassischen Bürozeiten erledigt werden müssen? Gerade für Eltern mit kleinen Kindern macht es vielleicht eher Sinn, die Arbeitszeit vor Ort um zwei Stunden am Tag zu reduzieren und diese dafür abends, wenn die Kleinen im Bett sind, nachzuholen. Flexibles Arbeiten bedeutet aber auch, dass Eltern einen Teil ihrer Arbeitszeit so frei wählen können, dass sie sie situativ an den Tagesrhythmus, zum Beispiel an die Mittagsschlafzeit ihrer Kinder, anpassen können.

Wenn gerade keine Telefonmeetings anstehen und keine Abgabetermine im Nacken sitzen, kann dies viel Stress wegnehmen. Und – einmal mehr – es gewährt zusätzliche Arbeitsstunden, die ohne diese Flexibilität nicht möglich wären.

Unternehmen, die den Frauenanteil in Führungs- und Expertenpositionen steigern möchten, sollten sich also darum bemühen, dass die Frauen mit dem nötigen Potenzial nach der Geburt ihrer Kinder nicht nur in einem Halbtagsjob an den Arbeitsplatz zurückkommen, sondern in einem möglichst hohen Arbeitspensum in ihre Funktion zurückkehren. Dafür müssen diese Frauen bereit sein, die Doppelbelastung von Familie und Karriere, den klassischen Spagat zwischen dem Privat- und dem Berufsleben, auf sich zu nehmen. «Da kann ich als Chef doch nichts beisteuern, das ist die Entscheidung meiner Mitarbeiterin.» Doch. Die Interviews mit Müttern, die in hohem Prozentbereich einen Beruf mit viel Verantwortung ausüben, zeigen, dass die direkten Vorgesetzten eine entscheidende Rolle dabei spielen, ob die Frauen nach der Geburt der Kinder der Arbeitswelt an sich und ihrem Arbeitgeber im Speziellen treu bleiben. Berufstätige Mütter brauchen weder Schonprogramme noch Stützkurse. Sie brauchen vor allem die Möglichkeit, ihren Alltag eigenverantwortlich organisieren zu können. Nicht nur zu Hause, sondern auch im Büro.

Win-win
Wie ist es möglich, dass sich berufstätige Mütter (und natürlich auch Väter, die nicht einfach die klassische Rollenaufteilung leben) mit Herzblut ihren Kindern und ihrem Job zugleich widmen? Wie können sie sicherstellen, dass sie für ihr Unternehmen in Notfällen auch außerhalb der vereinbarten

Arbeitszeiten verfügbar sind? Und wie kann verhindert werden, dass sich die Frauen zwischen der Familienarbeit und der Berufswelt aufreiben?

Aus übergeordneter Perspektive betrachtet stellt die Doppelrolle Mutter/Arbeitnehmende einen klassischen Interessenkonflikt dar. Die Frau möchte einerseits im Job volle Leistung erbringen und andererseits ihre Rolle und Aufgaben als Mutter zur persönlichen Zufriedenheit erfüllen. Sie hat Zeitfenster, in denen sie für die Betreuung der Kinder zuständig ist, und andere, in denen sie für ihren Arbeitgeber im Einsatz ist. Doch das Leben ist nicht rundum planbar. Es gibt Situationen, in der die Arbeitskraft der Frau auch während eines Kinder-Zeitfensters gefragt ist. Und andere Situationen, in der eine Mutter für die Kinder da sein muss, auch wenn es eigentlich ihre Arbeitszeit wäre. «Wenn bei uns im Unternehmen ein Notfall eintritt, dann brauche ich die relevanten Leute zwingend», sagt Nicole Burth, damalige CEO Adecco Schweiz im nachfolgenden Interview. Ohne eine gewisse Flexibilität geht das nicht. Wenn immer der eine Bereich Ansprüche in einem Zeitfenster des anderen Bereichs stellt, entstehen klassische Interessenkonflikte. Nicht zwischen zwei Personen, sondern zwischen den beiden Rollen Mutter und Arbeitskraft, die eine Frau in sich vereint.

Wenn es um Interessenkonflikte geht, hat sich das sogenannte Harvard-Prinzip als Lösungsansatz bewährt. Dabei handelt es sich um eine 1981 an der Harvard-Universität entwickelte Methode des sachbezogenen Verhandelns. Ziel dieses Ansatzes ist es, eine konstruktive Einigung in Konfliktsituationen zu erreichen.

Ein Beispiel: Wenn sich zwei Personen um eine einzige Limette streiten, scheint es im ersten Moment die einfachste Lösung, diese zu halbieren. Da aber beide eine ganze Limette wollen, werden beide verlieren. Eine richtige Win-win-Situation können wir nur dann erreichen, wenn wir uns vom vordergründigen Streitobjekt lösen und uns der Frage widmen, was denn eigentlich die wirklichen Bedürfnisse der beiden Parteien sind. Warum brauchen sie die Limette? «Weil ich sie auspressen muss, um meine Speise mit dem Saft zu verfeinern», wird der eine antworten. «Weil ich ihre Schale abreiben muss, um mein Gebäck damit zu bereichern», so die Antwort des anderen. Und schon haben wir die Lösung: Erst wird die Schale der Limette abgerieben und anschließend ihr Saft ausgepresst.

Der Ansatz ist einfach – und gleichzeitig genial. Wer sich traut, auf die Bedürfnisebene zu wechseln und nach den Hintergründen und Abhängigkeiten zu fragen, findet meist eine Lösung, die für beide Seiten funktioniert.

So ist es auch bei den meisten Rollenkonflikten einer berufstätigen Mutter. Ein Beispiel: In einem Projekt kommt am Donnerstag um 16 Uhr auf einmal unerwartete Dynamik auf. Um die fixierten Deadlines einzuhalten, ist es erforderlich, dass alle Involvierten einen Sondereinsatz leisten, um so den definierten Meilenstein doch noch fristgerecht bis zum nächsten Tag fertig zu bekommen. Das ist die Dringlichkeit, in diesem Moment von der Rolle der Erwerbstätigen bestimmt. Auf der anderen Seite steht ein Schulkind, das am gleichen Abend eine Adventsveranstaltung in seiner Schule feiert – zu der die Eltern eingeladen sind. In der Rolle der Mutter bestimmt demnach die Dringlichkeit eines erwartungsvollen Kindes den Abend. Um 17 Uhr 30 wie versprochen in der Schule sein und gleichzeitig Überstunden für ein wichtiges Projekt leisten? Wie soll das gehen?

Um eine Lösung zu finden, die beide Seiten zufriedenstellt, muss geistig ein Schritt vom offensichtlichen Konflikt weg gemacht werden. Die Frage ist dann nicht mehr: «Soll ich länger im Büro bleiben und mein Kind enttäuschen oder soll ich rechtzeitig zur Veranstaltung meines Kindes gehen und meine Vorgesetzten und Kollegen im Stich lassen?» Für eine Lösung, die beiden Seiten gerecht wird, muss man sich auf den Kern der beiden Anforderungen konzentrieren: Was ist auf der Arbeit gerade so wichtig? Die Antwort könnte in unserem Beispiel lauten: «Dass die kurzfristigen Änderungswünsche des CEO in den Bericht integriert werden, bevor die Daten morgen an die Druckerei übermittelt werden.» Und worum geht es auf der Familienseite? Zentral ist nicht, dass die Mutter rechtzeitig Feierabend macht, sondern dass sie um 17 Uhr 30 an der einstündigen Veranstaltung in der Schule anwesend ist. Entscheidend für den Anspruch, den aktuellen Anforderungen beider Welten gerecht zu werden, ist die Frage, ob eine Lösung gefunden werden kann, die sowohl den rechtzeitigen Abschluss des Projekt-Meilensteins als auch die Präsenz an der Schulveranstaltung zulässt. Konkret könnte so entschieden werden, dass sich die Frau mit ihren beruflichen Stakeholdern dahingehend verständigt, dass sie sich zwar wie geplant um 17 Uhr aus dem Büro verabschiedet, dass sie aber ab 19 Uhr 30 die noch ausstehenden Arbeiten für das Projekt erledigen wird.

Der Trick: Wenn wir uns auf die Interessen der unterschiedlichen Anspruchsgruppen (hier: Arbeit/Familie) konzentrieren und uns nicht auf die Positionen versteifen (hier: «Ich muss länger arbeiten» vs. «Ich muss rechtzeitig in der Schule sein»), ist die Lösung des Konflikts plötzlich gar nicht mehr so kompliziert. Dieses Beispiel zeigt, wie der anspruchsvolle Spagat zwischen den beiden Bereichen Arbeit und Familie letztlich einfacher zu gestalten ist.

Damit die Frauen aber überhaupt die Möglichkeit haben, frei darüber zu bestimmen, was in der aktuellen Konfliktsituation die beste Lösung für beide Seiten ist, müssen sie im beruflichen Umfeld die Kompetenz haben, selbst zu entscheiden. Und damit sind wir wieder bei dem Beitrag, den ein Unternehmen leisten muss, um seine weiblichen Angestellten mit Potenzial auch als Mütter in spannenden Positionen zu halten: Wenn nämlich der Vorgesetzte einfach fordert, dass die Angestellte heute länger arbeitet, dann wird wenig bis gar kein Spielraum für individuelle Lösungen bleiben.

Dies macht deutlich, dass es für eine ernsthafte Vereinbarkeit von Familie und Karriere den nötigen Freiraum braucht. Wer eigenverantwortlich seine Arbeit erledigt und an den Resultaten statt an kleinen Details der Arbeitsweise gemessen wird, hat schlicht die besseren Karten.

Womit wir beim Thema Selbstständigkeit angelangt sind.

Selbstständigkeit im Angestellten-Dasein

Wer berufstätige Mütter fragt, was es ihnen ermöglicht, Berufs- und Familienleben miteinander zu vereinbaren, findet in den Antworten außer einem Partner, der seinen Teil zur Betreuungs-, Organisations- und Hausarbeit beiträgt, vor allem eine zentrale Komponente: Selbstbestimmtheit.

So bleibt es kein Zufall, dass Mütter sich oft beruflich selbstständig machen. Dieser Weg ist eine Möglichkeit für Frauen, sich beruflich zu verwirklichen und trotzdem den Arbeitsalltag so zu gestalten, dass sie ihrer Rolle als Mutter gemäß ihren eigenen Vorstellungen gerecht werden können.

Wir sprechen hier nicht von den klassischen Hausfrauen-Vertriebssystemen für Putzmittel, Kosmetika oder Kunststoffschüsseln. Heute sind es auffallend viele gut qualifizierte Frauen, die den Schritt in die Selbstständigkeit wagen. Studien belegen, dass der Anteil der Unternehmen, die von Frauen oder mit der Beteiligung einer Frau gegründet wurden, in den letzten Jahren deutlich gestiegen ist. Viele der Neu-Unternehmerinnen geben als Treiber für diese Entscheidung familiäre

Gründe an. Frauen haben gegenüber den Männern einen großen Vorteil, wenn es darum geht, den Sprung ins kalte Wasser zu wagen: Die Mehrheit von ihnen leistet nur einen Zuverdienst zum Familieneinkommen, der Hauptverdienst kommt bei den meisten Schweizer Paaren von den Männern. Die Frauen haben somit nicht denselben finanziellen Druck und können es sich eher leisten, das Risiko der Freiberuflichkeit einzugehen und zu schauen, ob sie mit ihrer Tätigkeit wirtschaftlich erfolgreich sein können.

Vor diesem Hintergrund erstaunt es nicht, dass Selbstständigkeit eine Möglichkeit für Mütter ist, sich beruflich zu verwirklichen, ohne in einem Arbeitsverhältnis zu stehen. Zumindest in der Theorie können Selbstständige ihr Pensum selbst bestimmen oder sich allenfalls ihre Arbeitszeiten freier einteilen als die meisten Angestellten. Wer vor der Geburt seiner Kinder beruflich erfolgreich und gut vernetzt war, kann durchaus diesen Weg wagen und unter Umständen sogar als externe Fachkraft weiterhin für seinen ehemaligen Arbeitgeber oder frühere Kollegen tätig sein. Auf eigene Rechnung.

Was muss nun eine Firma tun, damit sich eine talentierte Mitarbeiterin nicht in die Selbstständigkeit verabschiedet? Die Antwort ist einmal mehr einfach: Der Arbeitgeber kann alle internen Möglichkeiten ausreizen, um der Angestellten Arbeitsbedingungen zu bieten, die den offensichtlichen Vorteilen einer Selbstständigkeit nah kommen: flexible Arbeitszeiten, hohe Selbstbestimmung und große Verantwortung.

Die meisten Frauen, die berufliche Ambitionen haben, sind einem großen Engagement und großem Stundeneinsatz für ihren Job nicht abgeneigt. Was sie aber meist als störend empfinden, ist die Tatsache, dass familienexterne Personen über den Familienalltag bestimmen. Dass Sitzungen in den frühen Morgenstunden das Aufstehen mit den Kindern zum zeitlichen Spießrutenlauf machen und dass der Weg zwischen Büro und Zuhause so weit ist, dass ein Nachhausekommen über Mittag keine Option ist. Wenn sie sich die Zeit freier einteilen und (während die Kinder außer Haus sind) im Homeoffice arbeiten können, zahlt das auf die Vereinbarkeit von Familie und Beruf ein. Wer seine Woche so strukturieren und organisieren kann, dass die Zeit auf allen Seiten optimal genutzt ist, ist leistungsfähiger. Und trotzdem weniger Stress ausgesetzt.

Selbstbestimmung
Selbstbestimmt statt fremdbestimmt, lautet also einer der Schlüssel zum Erfolg. Die Möglichkeit, die Arbeitszeiten optimal an die familiären Erfordernisse anzupassen, ist ein Teil der Selbstbestimmung. Das erleichtert die Vereinbarkeit von Beruf und Familie und kann Stress reduzieren. Selbstbestimmung im Job ist für berufstätige Mütter aber auch deshalb so wichtig, weil ihr Alltag außerhalb des Büros schon zur Genüge von Fremdbestimmung geprägt ist. Wie lange man schläft, mit wie vielen Unterbrechungen man sein Abendessen zu sich nimmt sowie ein Großteil der Agenda sind durch die Kinder, ihre Bedürfnisse und Termine bestimmt. Berufstätige Mütter erkennen schnell: Auf der Arbeit ungestört den Kaffee zu Ende trinken – das kann sich bereits wie Wellness anfühlen. Man wird bescheiden. Selbstbestimmung ist einer der Gründe, warum Frauen einem Beruf nachgehen, auch wenn sie Kinder haben und es finanziell nicht zwingend notwendig wäre.

Ein natürliches Bedürfnis
Eng verbunden mit der Selbstbestimmung ist das in den 1970er-Jahren entwickelte Konzept der Selbstwirksamkeitserwartung des kanadischen Psychologen Albert Bandura. Bis heute vertreten Psychologen die Ansicht, dass Selbstwirksamkeit ein natürliches Bedürfnis des Menschen sei. Untersuchungen in diesem Bereich haben gezeigt, dass Menschen, die an ihre eigene Kompetenz glauben, größere Ausdauer bei der Bewältigung von Aufgaben, eine kleinere Anfälligkeit für Angststörungen und Depressionen sowie mehr Erfolge in den Bereichen Ausbildung und Beruf aufweisen.

Je größer die Möglichkeit zur Selbstbestimmung und Selbstorganisation im Job ist, desto eher ist die Vereinbarkeit von Kindern und Karriere umsetzbar. Die im öffentlichen Diskurs vermehrt präsente Thematik der Burn-out-Gefahr arbeitender Mütter kann entsprechend reduziert werden, wenn Frauen ihre Arbeitsleistung nach ihren Prioritäten erbringen können. Das bedeutet nicht, dass sie weniger leisten als Kollegen, die keine familiären Verpflichtungen haben. Aber sie lösen es so, dass sie die Arbeit mit dem Familienleben optimal kombinieren können. Denn es sind kleine Dinge, die entscheiden, ob sich die Doppelbelastung Kinder/Arbeit als pralles Leben oder als Spießrutenlauf anfühlt. Obligatorische Veranstaltungen im Job, die mit familiären Pflichten kollidieren. Die Unmöglichkeit, das Büro pünktlich zu verlassen, weil kurzfristig ein dringendes Anliegen aufgetaucht ist. Oder einfach Sitzungen, in denen viel geredet, aber wenig geleistet und dadurch wertvolle Zeit unnötig verbraten wird.

Kein Platz für Ineffizienz
Frauen, die Kinder haben und gleichzeitig mit großem Engagement einem verantwortungsvollen Beruf nachgehen, lernen sehr schnell: Ineffizienz hat in ihrem Leben nichts mehr ver-

loren. Elternabende, an denen zwei Stunden lang erzählt wird, was eigentlich in fünf Sätzen gesagt wäre, sind vor diesem Hintergrund genauso schwer auszuhalten wie große Abteilungsmeetings, in denen alle möglichst ausschweifend belegen, dass sie besonders fleißig sind. Berufstätige Mütter leisten im Grunde zwei Vollzeitjobs: einen zu Hause, einen im Büro. Da aber ihre Tage nicht mehr Stunden und die Wochen nicht mehr Tage haben, kann diese doppelte Leistung nur mit massiver Effizienzsteigerung erbracht werden.

Wer Wissensarbeit verrichtet, ist nicht zu jeder Tageszeit und in jedem Umfeld gleich produktiv. Es gibt Leute, die haben frühmorgens die besten Ideen für ihre Konzepte, andere finden erst gegen Abend die geniale Lösung für komplizierte Probleme. Ein großer Vorteil unserer digitalisierten Arbeitswelt ist die Tatsache, dass wir nicht darauf angewiesen sind, dass der Hauswart erst das Bürogebäude aufschließt. Wenn die Instrumente der modernen Büroinfrastruktur genutzt werden, können die einzelnen Mitarbeiter sehr selbstständig an ihren Projekten und Themen arbeiten.

Im Hinblick auf die Frage, wie Unternehmen verhindern können, dass ihre weiblichen Angestellten nach dem Mutterschaftsurlaub den Schritt in die Freiberuflichkeit machen, müssen wir uns zunächst auf die Vorteile konzentrieren, die Selbstständigkeit gegenüber dem Angestelltenverhältnis bietet. Ganz oben auf der Liste stehen sicher Freiheit und Unabhängigkeit. Zudem müssen sich Selbstständige kontinuierlich am Markt behaupten, sie sind also dazu gezwungen, sich auf ihrem Gebiet stets weiterzuentwickeln und allenfalls weiterzubilden. Das hat den Vorteil, dass der Job spannend bleibt und die Person ihre Arbeitsmarktfähigkeit nicht aus den Augen verliert. Zu guter Letzt führt uns auch die Kehrseite der Freiheit zu einem Vorteil beruflicher Selbstständigkeit: die Verantwortung. Verantwortung für das eigene Handeln zu übernehmen, selbst Entscheidungen fällen, die eine gewisse Tragweite haben, und zu kontrollieren, ob das Geleistete auch die richtige Wirkung entfaltet – das sind alles Faktoren, die gute Arbeit ausmachen und sich darüber hinaus auch noch gut anfühlen.

Für Angestellte mit Ambitionen ist es wenig motivierend, wenn sie sich die ganze Woche mit einem Thema befassen, Studien lesen, Hintergrundwissen erarbeiten und alles daran setzen, dass ihre Tasks bestmöglich umgesetzt werden – und am Ende die Vorgesetzten über ihre Köpfe hinweg entscheiden. Organisationseinheiten, die also die Entscheidungskompetenz auf den Stufen und bei den Mitarbeitenden ansiedeln, die in einem Thema am kompetentesten sind, erzeugen einerseits eine hohe Motivation bei ihren Mitarbeitenden. Sie ermöglichen den einzelnen Mitarbeitenden aber auch ein höheres Maß an Selbstbestimmung. Wer die Verantwortung für ein Projekt trägt, kann selbst entscheiden, ob eine «dringende Anfrage» kurz vor dem geplanten Feierabend nun wirklich dringend ist, oder ob das Anliegen doch bis zum nächsten Arbeitstag warten kann. Nur wer die Befugnis hat, selbst die Triage vorzunehmen, kann seine Arbeitswoche auch selbstbestimmt gestalten. Und hat so überhaupt die Chance, nach dem Limetten-Ansatz vorzugehen.

Ideale Kombination gesucht
Familien von Topmanagern erleben den Vater vor allem auf eine Art: abwesend. Was im traditionellen Familienmodell akzeptiert ist, ist für Frauen als Managerinnen kaum denkbar. Das führt zur Fragestellung, wo eigentlich die Arbeit aufhört und wo das Familienleben beginnt. Historisch betrachtet stellt sich diese Frage erst, seit im Zuge der Industrialisierung im 19. Jahrhundert die Erwerbsarbeit weg von Haus und Hof in die Fabriken verlagert wurde. Zuvor betrachteten Bauern

und Heimarbeiter ihren Nachwuchs in erster Linie als Arbeitskraft. Der Familienverband war vor allem eine Arbeitsgemeinschaft. Für die Existenzsicherung war es zwingend, dass die Kinder mitarbeiteten, sobald sie alt genug waren um anzupacken.

Während Kinder heute also Betreuungsarbeit bedeuten und ihre Geburt die Möglichkeit zur Erwerbstätigkeit beider Elternteile zu einem gewissen Grad einschränkt, war früher jedes Kind, das ein gewisses Alter erreichte, eine willkommene Arbeitskraft. In den Bauern- und Heimarbeiterfamilien früherer Jahrhunderte waren die Kindern zugewiesenen Aufgaben leichter als die der Erwachsenen. Mit der Industrialisierung verschwand diese Unterscheidung jedoch. Von nun an bestimmte der Takt der Fabrikuhr das Leben der ganzen Familie. Arbeitszeiten von bis zu 90 Stunden die Woche waren nicht ungewöhnlich. Erst 1877 wurde mit dem Schweizer Fabrikgesetz die Wochenarbeitszeit auf 65 Stunden begrenzt und Kinderarbeit verboten.

Im 20. Jahrhundert sank die Wochenarbeitszeit weiter. Heute sind in der Schweiz Wochenarbeitszeiten von 40 bis 42,5 Stunden normal. Nach dem Zweiten Weltkrieg etablierte sich die Berufs- und Karrierewelt, wie sie heute oft noch Gültigkeit hat. Infolge der Dominanz der klassischen Rollenverteilung zwischen Mann und Frau wurde die Vereinbarkeit von Familie und Beruf kaum thematisiert. Dafür entstand durch die größere Verfügbarkeit und zunehmende Bedeutung der Freizeit im Kontext der Dienstleistungsgesellschaft in den 1980er-Jahren der Begriff der Work-Life-Balance.

Klare Grenzen: Work-Life-Balance

In der Literatur und im öffentlichen Diskurs wird unter dem Begriff Work-Life-Balance meist das Gleichgewicht zwischen Arbeitsbelastung und Privatleben verstanden. Die Theorie der

Work-Life-Balance geht im Grundsatz von einer Abgrenzung der beiden Bereiche Arbeit und Privatleben aus. Im heutigen Kontext mit flexiblen Arbeitszeiten und Homeoffice funktioniert dies nur noch bedingt. In der Realität gehen die beiden Bereiche oft fließend ineinander über; sind eng verzahnt. Das Leben der jungen Elterngeneration von heute besteht aus Familie und Arbeit. Die große Kunst ist es, für diese beiden Bereiche und weitere Aspekte wie Hobbys genügend Ressourcen zu haben. Zeit, Energie, Nerven und Geld sind die Dinge, um die sich das Leben einer jungen Familie hauptsächlich dreht.

Vor diesem Hintergrund erstaunt es nicht, dass der Begriff der Work-Life-Balance mehr und mehr durch die Formulierung der Vereinbarkeit von Beruf und Familie abgelöst wird. Vereinbarkeit steht für die Bestrebungen, Familie und Berufsleben so unter einen Hut zu bekommen, dass keiner der beiden Bereiche zu kurz kommt – und dass man nicht am Ende selbst auf der Strecke bleibt.

Vereinbarkeit fängt bei den eigenen Wünschen und den Vorstellungen des Mutterseins (und Vaterseins) an. Doch sie hat auch eine rein organisatorische Komponente, die den weitaus größeren Teil im Alltag einnimmt: Der Kinderarzt hat nur zu Bürozeiten Sprechstunde. Der Teamevent findet am Feierabend statt. Ein Workshop zieht sich bis in die Abendstunden und kollidiert so mit den Geschäftszeiten der Kita. Das sind nur ein paar Beispiele von vielen, die aufzeigen, dass eine strikte Trennung der Bereiche Beruf und Familie nicht mehr funktioniert, seit Frauen nicht mehr zwingend zu Hause den Laden schmeißen, während die Väter gleichzeitig ihre Prioritäten klar bei der Arbeit setzen.

Die Betreuung der Kinder ist nur ein Teil. Noch extremer ist das Verwischen der Grenzen auf der mentalen Ebene; in den Köpfen der Familienmenschen. Wer hat nicht schon mal eine langweilige Sitzung dazu genutzt, diskret die Einkaufsliste durchzugehen? Und wer musste nicht schon vom Büro aus einen Betreuungsplan B organisieren, weil die Tagesmutter kurzfristig ausgefallen war? Auf der anderen Seite können Mütter auch problemlos auf dem Spielplatz stehen und beim Anschubsen der Schaukel den Ablauf für einen Workshop entwerfen. Und auf der Autofahrt ins Hallenbad wurden schon Grundsteine für die genialsten Konzepte gelegt.

Es geht nicht darum, die beiden Bereiche Privatleben und Arbeit strikt voneinander zu trennen. Das Ziel ist vielmehr, die ideale Kombination zu finden. Vor diesem Hintergrund erstaunt es nicht, dass als Erweiterung zur Idee einer idealen Work-Life-Balance das Konzept der Work-Life-Integration zum Thema wird. Wie der Begriff schon sagt, geht es dabei nicht mehr um den Anspruch, eine sinnvolle Abgrenzung zwischen Arbeit und Privatleben zu erreichen. Wer den Anspruch der Integration vertritt, muss sich auf beiden Seiten intensiv damit auseinandersetzen, was es bedingt, um eine optimale Vereinbarkeit der beiden Bereiche zu erlangen. Die Frage, die sich dabei immer wieder stellt: Welche Voraussetzungen brauche ich auf der organisatorischen, auf der strukturellen und auch auf der individuellen Ebene, um sowohl für die Arbeit als auch für die Familie das Optimum herauszuholen? Dabei dürfen auch unbequeme Diskussionen auf beiden Seiten nicht gescheut werden. Wer den für sich perfekten Weg finden will, wird nicht darum herumkommen, gewohnte und eingespielte Trampelpfade zu hinterfragen und bisweilen unorthodoxe Lösungen zu kreieren.

Mit der Frage, welche Voraussetzungen es braucht, damit sich die Vereinbarkeit geschmeidig anfühlt und nicht zum zermürbenden Spagat wird, befassen sich unzählige Studien. So auch eine Untersuchung von Maxi Raida. Der Fokus der deutschen Wirtschaftswissenschaftlerin lag dabei auf den Führungskräften – also der Gruppe von Angestellten, die auf der Karriereleiter bereits etwas hochgeklettert sind. Maxi Raida stellt fest: «Auf organisatorischer Ebene können insbesondere die Unterstützung durch den Vorgesetzten, eine familienfreundliche Unternehmenskultur und Maßnahmen zur Flexibilisierung der Arbeit zu einer Reduzierung von Work-Family-Konflikten beitragen.» Unter Work-Family-Konflikt versteht Raida die Reibungsfläche, die zwischen dem Familienleben und dem Berufsleben entsteht. Dieser Bereich hat für sie eine große Bedeutung, wenn es um die Vereinbarkeit geht.

Welche Elemente werden sonst noch dem Thema der Vereinbarkeit zugeschrieben? Die Studie «Vereinbarkeit von Familie und Beruf» der Deutschen Bertelsmann Stiftung fasst zusammen, was in der empirischen Forschung als Voraussetzung für die Vereinbarkeit von Familie und Beruf definiert wird. Es ist einerseits die materielle Unterstützung der Familien unter Beachtung der Arbeitsanreize. Andererseits braucht es eine ausreichende externe Kinderbetreuung in Form einer verlässlichen öffentlichen Infrastruktur. Und weiter geht es um Beurlaubungsregelungen, die auf die Rückkehr in den Beruf ausgerichtet sind, sowie flexible Arbeitszeiten und deren Handhabung in der betrieblichen Praxis.

Erreichbarkeit statt Präsenz im Überblick

- Statt physische Präsenz am Arbeitsplatz stehen im modernen Arbeitsumfeld Erreichbarkeit und Verfügbarkeit im Vordergrund.
- Das bereits in den 1970er-Jahren entwickelte New-Work-Konzept erlebte durch Digitalisierung und Start-up-Welt großen Aufschwung. Es setzt auf flexible und wandelbare Arbeitsmodelle und fördert so die Handlungsfreiheit des Einzelnen.

- Wissensarbeit ist eine Arbeitsform, die nur wenig Routine ermöglicht, die kaum vorhersehbar und in der Regel auch nicht standardisierbar ist. Im 21. Jahrhundert dominiert diese Arbeitsform, sie setzt dort an, wo Leistungen des menschlichen Gehirns nicht einfach durch einen Computer ersetzt werden können.
- Durch die Möglichkeit zu mobil-flexiblem Arbeiten (Work Smart) können Mütter ein höheres Pensum arbeiten, ohne bei der Familie komplett Abstriche machen zu müssen.
- Der «Limetten-Ansatz» ermöglicht es Frauen, den Ansprüchen ihrer beiden Rollen als Mutter und Arbeitende besser gerecht zu werden.
- Selbstbestimmung und Effizienz sind für arbeitende Mütter zentral.
- Die Theorie der Work-Life-Balance sieht eine klare Trennung der Bereiche Arbeit und Privatleben vor. Vor dem Kontext flexibler Arbeitszeiten und von Homeoffice-Möglichkeiten ist dieses Konzept kaum noch umsetzbar. Stattdessen rückt die Thematik der optimalen Vereinbarkeit der beiden Bereiche in den Vordergrund.

Die Rolle der Männer – Warum Frauenförderung beide Geschlechter betrifft

Wie erreichen wir mehr Geschlechterdiversität in den Führungsetagen? Der öffentliche Diskurs ist in erster Linie davon geprägt, dass es dafür bessere Karrierechancen für Frauen brauche. Gleichstellung thematisiert bis heute meist nur die Frauen und die mit ihnen verknüpften Nachteile.

Wenn wir aber davon ausgehen, dass der Karrierenachteil der Frauen in erster Linie mit ihrer Mutterschaft zu tun hat, müssen wir uns zwingend die Frage stellen: Was ist denn mit der Vaterschaft? Familien gründen die wenigsten Frauen alleine. In der Regel gehören zwei dazu, wenn ein Kind auf die Welt kommt.

Während einem Mann, der in seinem Arbeitsumfeld bekannt gibt, Vater zu werden, meist wohlwollend auf die Schulter geklopft wird, kommt bei der Frau neben den Glückwünschen auch direkt die Frage im Team auf: «Wie organisieren wir das?» Die Vorgesetzten oder die Personalverantwortlichen wollen wissen, ob die angehende Mutter nach dem staatlichen Mutterschaftsurlaub von vierzehn Wochen (in der Schweiz) überhaupt an den Arbeitsplatz zurückkehren will. Wenn ja, muss geklärt werden, ob zusätzlich unbezahlter Urlaub genommen wird und in welchem Pensum die Frau als Mutter der Erwerbsarbeit nachgehen wird. Beim werdenden Vater geht man in der Regel davon aus, dass abgesehen vom Vaterschaftsurlaub alles bleibt wie bisher.

Wenn wir die Familien aber als Ganzes betrachten, kommt neben bezahlbarer Kinderbetreuung und der notwendigen Flexibilität vor allem den Vätern eine wichtige Rolle zu. «Die ungenügende familiäre Präsenz der Väter wird gerne herangezogen, um die Schwierigkeiten der Mütter mit der Vereinbarkeit von Beruf und Familie aufzuzeigen und ihre mangelnden Aufstiegschancen zu beklagen», schreibt Erziehungswissenschaftlerin Margrit Stamm in ihrem 2018 erschienenen Buch. Denn eines ist klar: Solange die Mütter alleine für die Familienorganisation zuständig sind, tragen sie auch die Last der Vereinbarkeit alleine.

Wer Frauen fördern will, muss also zwingend auch bei den Männern ansetzen. Digitalisierung und moderne Arbeitsformen verändern nicht nur die Möglichkeiten, wie aufstrebende Frauen die Ansprüche an sie als Mütter und als Arbeitnehmerinnen besser unter einen Hut bekommen. Die Veränderungen gelten genauso für die Männer.

Offenbarungen im Corona-Modus
Als der Schweizer Bundesrat am 13. März 2020 als Maßnahme zur Pandemiebekämpfung die Schließung der Schulen proklamierte und die Eltern dazu aufforderte, ihre Kinder nicht mehr in den Kitas und von den Großeltern betreuen zu lassen, verlagerten Eltern in der ganzen Schweiz die Kinderbetreuung ins Wohnzimmer und waren für acht Wochen parallel zur Arbeit im Homeoffice mit Kinder-Bespaßung und Fernunterricht-Begleitung beschäftigt.

Im normalen Arbeitsalltag spielt die Organisation und Betreuung der Kinder bei den meisten Vätern kaum eine Rolle. Die Wochen vieler Schweizer Familien, in denen beide berufstätig sind, sind so geplant, dass er grundsätzlich seinem Job nachgeht und sie sich ihre Arbeitstage mit Kita und Großeltern organisiert. Die Aussage «Ich muss kurz schauen, wie ich das mit den Kindern hinkriege», kommt von erwerbstätigen Müttern regelmäßig, von Vätern in der Berufswelt vergleichsweise selten.

Doch dann kam Corona. Auf einmal spielten die Kinder zu Hause auch im Arbeitsalltag der Väter eine Rolle. Da das Zuhause nun an vielen Orten sowohl Arbeits- als auch Betreuungsort war, vermischten sich die Grenzen. Bei vielen Kollegen konnte man zum ersten Mal spürbar feststellen, dass sie eine Familie haben. Bei den einen hörte man in Telefonkonferenzen spielende Kinder im Hintergrund, andere hatten ihre auf Distanz unterrichteten Kinder neben sich am Homeoffice-Arbeitsplatz. Und wieder andere blockierten sich Stunden, Halb- oder Ganztage in der Agenda, um die Kinderbetreuung zu übernehmen, während die Partnerin ihrerseits der Arbeit nachging.

Während dieser acht Wochen Lockdown im Frühling 2020 waren die Kinder so präsent im Arbeitsalltag ihrer Väter wie sonst noch nie. Die Väter konnten nun am Mittagessen mit der Familie teilnehmen und die vielen kleinen und großen Sensationen und Tragödien des Alltags mit ihren Kindern über so lange Zeit miterleben wie noch nie. Welchen Effekt dieser Corona-Modus langfristig haben wird, wird sich zeigen. Es wäre äußerst wünschenswert, dass möglichst viele Arbeitnehmer mit Kindern merken konnten, dass es einen Mehrwert für alle bringt, wenn der Vater einen Teil seiner Arbeitszeit im Homeoffice verbringt und so mehr in den Familienalltag eingebunden ist.

Digitalisierung verändert den Arbeitsalltag – auch den der Männer
Diese Erfahrungen verdeutlichen, warum die Digitalisierung und die damit einhergehenden Möglichkeiten räumlich und zeitlich flexiblen Arbeitens auf die Männer einen weit größeren Effekt haben werden als auf die Frauen. Während es früher außer Frage stand, dass Väter berufsbedingt von Montag

bis Freitag nur frühmorgens und spätabends zu Hause bei ihrer Familie sein können, brechen diese starren Grenzen weg. Nicht nur Mütter sind gefordert, ihre Agenda so zu organisieren, dass sie an gewissen Tagen morgens oder nachmittags für die Kinder da sein können. Auch die Väter bekommen durch die neuen Arbeitsformen mehr Möglichkeiten, unter der Woche am Familienalltag teilzuhaben und so selbst einen Teil der Betreuungsfunktion wahrzunehmen.

Wenn Frauen imstande sind, in 80 Prozent einen Vollzeitjob zu leisten und dabei noch Führungsfunktionen zu übernehmen, dann können das die Männer genauso. Während es in staatlichen Organisationen heute schon beinahe normaler Zustand ist, dass junge Väter nach der Geburt ihrer Kinder ihr Pensum reduzieren, sieht die Situation in der Wirtschaft anders aus. Zwar komme es immer mehr vor, dass Männer 80 Prozent arbeiteten, sagt Verwaltungsrätin Ascom Holding AG Nicole Burth im Interview. «Aber diese Männer fallen prozentual gesehen nicht wirklich ins Gewicht.» Und wenn jemand in einer Position mit viel Verantwortung vier statt fünf Tage pro Woche arbeite, bedeute das nicht, dass man nur vier mal acht Stunden arbeite. «In solchen Jobs ist es selbstverständlich, dass man mehr arbeitet. Doch das Teilzeit-Pensum ermöglicht es, an einem Tag pro Woche die Betreuung der Kinder zu übernehmen.»

Wenn die Väter ihr Pensum ebenfalls auf 80 Prozent reduzieren, entlastet dies die Mitarbeiterinnen an der «Heimatfront» massiv. «Wenn nur einer reduziert in einer Familie, dann hängt natürlich alles, was passieren könnte, an einer Person», sagte Nicole Burth im Juni 2019 im Interview mit SRF-*Rundschau*. «Arbeitet die Mutter 80 Prozent und der Mann 100, wer kümmert sich dann um das Kind, wenn es krank ist? Meist ist es die Person, die das kleinere Pensum hat. Und das ist wahnsinnig streng.» Sie sei dementsprechend eine Verfechterin von geteilter Last und finde es eine viel bessere Lösung, wenn beide reduziert arbeiteten. Väter, die ihr Pensum ebenfalls ein wenig reduzieren, sind also einer der wichtigsten Hebel, wenn es um nachhaltige Frauenförderung geht.

> «Die Schweiz braucht landesweite Tagesschul-Strukturen»
> *Nicole Burth,*
> *Verwaltungsrätin Ascom Holding AG*
>
> **Nicole Burth, 2015 – 2020 CEO der Adecco-Gruppe Schweiz, seit 2020 Verwaltungsrätin Ascom Holding AG, engagiert sich stark dafür, dass nicht nur Männer, sondern auch Frauen, die Kinder haben, Karriere machen können. Sie sieht den Nutzen flexibler Arbeitsformen, findet aber auch, dass es umfassendere Änderungen in unserer Gesellschaft brauche, damit die Vereinbarkeit von Familie und Beruf Realität werden kann.**
>
> *Was braucht es, damit künftig die Frauenquote auf den oberen Führungsebenen gesteigert werden kann?*
>
> **Nicole Burth:** Es ist falsch, wenn sich Frauen zwischen Kindern und Karriere entscheiden müssen. Frauen müssen unbedingt auch während der Familienphase im Job aktiv bleiben. Hier kann man auf der einen Seite als Unternehmen viel machen, indem man flexible Arbeitsmodelle anbietet und Möglichkeiten wie Job- und Top-Sharing nutzt. Auf der anderen Seite ist es aber vor allem eine kulturelle Frage: In der Deutsch-

schweiz gehört es schlichtweg nicht zum guten Ton, dass die Kinder fünf Tage pro Woche in der Fremdbetreuung sind. Ich bin deshalb der Meinung, dass wir das Schweizer Schulsystem ändern müssten.

Wie sehen Sie das konkret?

Wir brauchen landesweit obligatorische Tagesschulstrukturen. Würde die Schule von Montag bis Freitag von 8 bis 15.30 Uhr dauern, mit einer anschließenden Betreuungs-Möglichkeit bis zum Feierabend, könnte es zur Normalität werden, dass Mütter ebenfalls einen Beruf ausübten. Wenn Tagesschulen Standard würden, wäre es kein Stigma mehr, dass manche Kinder am Mittag und an den freien Nachmittagen nicht von ihren Eltern betreut werden.

Und das reicht schon?

Zusätzlich müsste steuerlich begünstigt werden, dass die Frau auch ernsthaft Geld verdient.

Halten Sie es für realistisch, dass es in der Schweiz bald normal sein wird, dass Arbeitnehmer örtlich und zeitlich flexibel arbeiten können?

Bis diese Arbeitsformen in allen Organisationen wirklich gelebt werden, wird es noch einige Zeit dauern. Doch der Druck nimmt zu: Die junge Generation fordert mehr Flexibilität, und je mehr der Druck auf dem Arbeitsmarkt zunimmt, desto größer wird auch die Bereitschaft der Unternehmen sein.

Sie werden in den Medien als Verfechterin des 80/80-Modells zitiert, bei dem beide Elternteile ihr Pensum zu Gunsten der Kinderbetreuung leicht reduzieren und ihre Karriere parallel weiterverfolgen. Wie normal ist es heute, dass ein Vater von einer 5- auf eine 4-Tage-Woche reduziert?

Das gibt es immer öfter – aber diese Männer fallen prozentual gesehen nicht wirklich ins Gewicht. Unser Head of Marketing bei Adecco hatte zum Beispiel auf 80 Prozent reduziert, seit er Vater war. Das geht auch in solchen Funktionen. Wir müssen aber realistisch sein: 80 Prozent bedeutet auf dieser Stufe nicht, dass die Person vier mal acht Stunden arbeitet. In Jobs mit so viel Verantwortung ist es selbstverständlich, dass man mehr leistet. Doch das Teilzeit-Pensum ermöglicht es, an einem Tag pro Woche die Betreuung der Kinder zu übernehmen.

Ist in dieser Form jeder Job in 80 Prozent machbar?

Ja, ich denke schon. Auch wenn ich natürlich gerade von gestandenen Managern oft höre, dass dies in ihrem Fall nicht möglich sei. Doch wenn man die Agenda dieser Leute anschaut, ist diese nicht zu 100 Prozent für das eigene Unternehmen reserviert. Oft füllen auch Mandate und Engagements in Verbänden die Agenda. Auch wer 100 Prozent arbeitet, ist für seine Leute nicht immer ansprechbar. Entscheidend ist vielmehr die Erreichbarkeit, wenn es wirklich dringend ist.

Wie ist es mit der Erreichbarkeit und Flexibilität für Notfälle bei arbeitenden Müttern?

Wenn bei uns im Unternehmen ein Notfall eintritt, dann brauche ich die relevanten Leute zwingend. Daher ist es zentral, dass alle Mitarbeitenden mit Betreuungspflichten zu Hause einen Back-up haben. Das heißt Betreuungspersonen, die Kinder auch abends oder während der Nacht übernehmen, wenn es wirklich wichtig ist. Der Partner spielt da natürlich eine große Rolle; aber auch Nachbarn, Verwandte oder Freunde.

(Das Interview mit Nicole Burth wurde Ende 2016 geführt. Damals amtierte sie als CEO Adecco Schweiz.)

«Papi-Tag» und «Mami-Tag»

Vor diesem Hintergrund ist es sehr erfreulich, dass das Bundesamt für Statistik (BFS) im April 2019 in seiner Mitteilung zu den Ergebnissen der Schweizerischen Arbeitskräfteerhebung 2018 schrieb: «Teilzeitarbeit bei den Vätern nimmt zu.» Und zwar kontinuierlich. «Dieser Anstieg ist insbesondere bei Vätern mit Kindern unter vier Jahren markant», so das BFS. Während 2010 noch 8,8 Prozent der Männer mit Kindern unter vier Jahren Teilzeit arbeiteten, waren es 2018 bereits 14,1 Prozent. Von den Männern mit Kindern im Alter von vier bis zwölf Jahren arbeiteten 2018 10,1 Prozent ein reduziertes Pensum (2010: 7,1 %). Väter von dreizehn- bis siebzehnjährigen Kindern waren 2018 zu 9,7 Prozent Teilzeiterwerbstätige (2010: 6,7 %).

Und tatsächlich: Gerade in urbanen Gebieten der Schweiz sind freitags auffallend viele Väter auf dem Spielplatz anzutreffen. Sie haben «Papi-Tag». Das ist ein erster Schritt.

Doch die Formulierung «Papi-Tag» ist wenig zielführend. Männer mit Kindern sind sieben Tage in der Woche Vater. Nicht nur am Freitag oder wenn sie mal am Wochenende die Kinder alleine bespaßen. Das bedeutet nämlich im Umkehrschluss, dass die übrige Zeit die Mütter die Hauptverantwortung für den Nachwuchs tragen.

Auch interessant: Unter «Mami-Tag» wird umgangssprachlich ein Tag verstanden, an dem sich die Mutter mal ausschließlich um ihre eigenen Bedürfnisse kümmert, zum Friseur und zur Kosmetikerin geht oder sich mit Freundinnen trifft. Die Sprache verrät viel über unsere innere Haltung.

Rollenverteilung
Dass die Betreuungsrolle in unserer Gesellschaft meist den Frauen zugeordnet wird, hat naturgegebene Gründe: Normalerweise sind es die Frauen, die in den ersten Wochen oder Monaten praktisch vollumfänglich für den Nachwuchs da sind. Weil die Frau im Mutterschaftsurlaub ja «nicht arbeitet», ist es quasi die logische Konsequenz, dass sie sich auch hauptsächlich um den Haushalt kümmert. Menschen sind Gewohnheitstiere. Wenn sich ein Paar erst einmal daran gewöhnt hat, dass der Haushalt Frauensache ist, sind die Muster umso schwerer zu durchbrechen, wenn die Frau die Erwerbstätigkeit wieder aufnimmt. Dieses Durchbrechen der traditionellen Rollenverteilung setzt Engagement und Bereitschaft auf beiden Seiten voraus. Für die gleichberechtigte Teilhabe im Arbeits- und Familienleben brauchen wir ein neues Emanzipationsbündnis zwischen Frauen und Männern, meint Margrit Stamm treffend, und konkret: «Obwohl sich

die Frauen in den letzten Jahrzehnten enorm emanzipiert haben, gilt dies kaum für ihre Mutterrolle. Kriegen sie Nachwuchs, dann fallen sie schnell in alte Rollenmuster zurück und beanspruchen in der Familie die alleinige Bestimmungshoheit.»

Egal, ob es nun die Männer sind, die zu wenig Verantwortung in der Familienarbeit übernehmen. Oder ob es – so eine von Stamms Thesen – die Frauen sind, die ihren Männern eine gleichberechtigte Rolle verwehren: Das Problem bleibt das gleiche. Solange die Hauptlast für Haushalt, Organisation der Kinderbetreuung und Pflege kranker Kinder bei der Mutter liegt, hat sie nicht den Rücken frei, um sich voll und ganz ihrem Beruf widmen zu können. Wenn Frauen also auch als Mütter im Job durchstarten wollen, brauchen sie die richtigen Partner an ihrer Seite. Nämlich Männer, die eine aktive Vaterrolle einnehmen und die Konsequenzen der Elternschaft für das Berufsleben genauso in Kauf nehmen wie die Mütter.

Es lässt sich nicht wegdiskutieren: Eltern sind außerhalb ihrer Arbeit stark beansprucht und starten morgens unter anderen Voraussetzungen in den Arbeitsalltag als Mitarbeitende ohne Betreuungspflichten. Im Alltag mit kleinen Kindern gibt es für Berufstätige zwei Zeitblöcke, die besonders viel Organisation und Nerven beanspruchen: der Morgen und der Abend. Morgens müssen kleine Kinder angezogen und verpflegt werden, Teenager sollen rechtzeitig zum Aufstehen bewegt werden. Gleichzeitig müssen sich die Eltern selbst für ihren Arbeitstag vorbereiten und möglichst ohne Quark- und andere Spuren auf den Kleidern aus dem Haus kommen. Das Abliefern der Kinder in Kita, Kindergarten oder Schule sollte einerseits für die Kinder möglichst stressfrei sein. Auf der anderen Seite tickt die Uhr der Eltern, weil Meetings angesetzt sind, Züge pünktlich fahren oder dringende Mails die Inbox füllen. Abends folgt dann das zweite Mal Highlife: Die Kinder müssen abgeholt werden, sie haben einiges zu erzählen, brauchen Unterstützung und Rat. Eltern haben nach Arbeitsschluss noch lange nicht Feierabend.

An Tagen, an denen beide Elternteile arbeiten, finden die wichtigsten und intensivsten Momente für die Familie in diesen Randzeiten statt. Das hat erhebliche Konsequenzen für die Berufswelt der Eltern: «Ich würde keine Meetings abends erlauben. Eine Teilnahme wäre für eine Working Mom praktisch unmöglich», sagt Simona Scarpaleggia im Interview mit dem Blog anyworkingmom.ch. Als dreifache Mutter weiß sie, worin das Hauptproblem der arbeitenden Mütter besteht: Ihnen fehlt zu gewissen Zeiten die nötige Flexibilität.

Hierzu gibt es zwei Lösungsansätze. Arbeitgeber könnten sich dafür einsetzen, dass ihre Angestellten eine Betreuungslösung finden, die keinen rechtzeitigen Feierabend voraussetzt. Oder sie machen es wie Simona Scarpaleggia und erklären den Feierabend zur Meeting-Sperrzone. Dass die Managerin als Mutter diese Wichtigkeit kennt, liegt auf der Hand. Doch warum ist es den meisten Männern in Chefpositionen nicht bewusst?

Die Antwort ist einfach: Ein Großteil der heutigen Chefs lebt ein Familienmodell, bei dem die Frau vollumfänglich für die Kinderbetreuung und somit auch für die Betreuung am Abend zuständig ist. Falls die Frau einmal ausnahmsweise etwas vorhat, muss er «die Kinder hüten». Das hat zur Folge, dass Väter bei spät angesetzten Meetings oder auch spontan eingeforderten Arbeitseinsätzen nach Feierabend problemlos länger bleiben können, da selbstverständlich die Mutter zu Hause die Kinder versorgt, wie Simona Scarpaleggia sagt. Die Frauen mit ihren «lästigen» Betreuungspflichten («Die Kita schließt um 18 Uhr – sorry!») sind da klar im Nachteil. Wie können wir das ändern? Ganz einfach: indem Männer ihre Rolle als Vater überdenken und sich im gleichen Maße wie ihre Frauen für Kinderbetreuung und -organisation verantwortlich fühlen.

Es gibt sie, die Paare, die in gleichem Maße für die Familienarbeit da sein wollen und bei denen beide ihre berufliche Laufbahn trotzdem weiterverfolgen wollen. Die deutsche Autorin Nicole Beste-Fopma hat einem Kapitel ihres Buches *Beruf und Familie passt. So finden Eltern den richtigen Arbeitgeber* eine dafür sehr treffende Überschrift gegeben: «Wenn beide beides wollen.» Sie empfiehlt in ihrem Ratgeber den Paaren, sich bereits vor der Geburt des ersten Kindes damit auseinanderzusetzen, wie die Aufgaben als Eltern später verteilt werden sollen. Wer macht welche Aufgaben im Haushalt gerne und gut? Wer könnte was übernehmen?

Man kann auch noch einen Schritt weitergehen und das mögliche Arbeitspensum und die idealen Arbeitszeiten schon im Vorfeld besprechen: Wenn zum Beispiel die Frau im Job in den Morgenstunden besonders produktiv arbeiten kann und der Mann eher in den Abendstunden effizient ist, macht es Sinn, dass der Mann die Frühschicht mit den Kindern und den Vormittag übernimmt. Am Mittag übernimmt dann die Mutter zu Hause und der Mann geht zur Arbeit. Das bedingt jedoch, dass es für den Mann eine Selbstverständlichkeit ist, dass auch er im Job Prozente reduzieren und Kompromisse zugunsten des Familienlebens machen wird.

«Die Partner sind Teil des Vertrags»
John Häfelfinger,
CEO Basellandschaftliche Kantonalbank BLKB

John Häfelfinger war jahrelang in einem stark international ausgerichteten Bereich des Bankings tätig. Seine Teams waren nicht nur in Bezug auf die Geschlechter divers. Heute leitet er die Kantonalbank des Baselbiets, wo er bei Stellenantritt ganz andere Voraussetzungen angetroffen hatte.

Was ist aus Ihrer Sicht entscheidend, damit es Frauen mit Kindern möglich ist, einen verantwortungsvollen Job auszuüben?

John Häfelfinger: Für mich ist zentral, dass das gewählte Modell vom jeweiligen Umfeld mitgetragen wird. Eigentlich wäre es am besten, wenn man nicht nur mit der Kandidatin, sondern auch mit ihrem Partner sprechen würde. Die Partner sind irgendwie auch Teil des Vertrags. In meiner früheren Position habe ich die Frauen jeweils gefragt: «Wie unterstützt dein Partner die Situation?»

Welche Rolle haben die Väter in der Schweiz?

Man fragt die Männer bis heute nicht, «Wie machst du das dann?», wenn sie ein Kind bekommen. Schwangeren Frauen wird sie aber beliebig gestellt. Der Knackpunkt ist zudem, wie akzeptiert es ist, dass ein Mann im Büro fehlt, weil er ein krankes Kind zu Hause hat.

Wie groß ist da die Bereitschaft der Männer?

Zu Hause zu ihren Partnerinnen werden die meisten sagen, dass sie ihren Teil zur Familienarbeit beitragen werden. Doch in der Realität der Arbeitsumgebung trauen sich dann doch die wenigsten, kranke Kinder als Grund dafür zu nennen, warum sie nicht zur Arbeit kommen können. Auch die Frage nach einem Teilzeitpensum ist vielen unangenehm. Dabei sollte dies heute Normalzustand sein.

Haben Sie Ihr Pensum aufgrund Ihrer Kinder reduziert?

Als sie klein waren, habe ich ein Jahr lang 80 Prozent gearbeitet. Als ich die Reduktion bei meinem Vorgesetzten beantragte, war seine Reaktion: «Hast du ein Burn-out?» Das offenbart einiges.

Sie haben früher eine Einheit in einem multinationalen Umfeld geleitet, heute sind Sie CEO einer Bank in einem Land-Kanton. Wo sind die deutlichsten Unterschiede in Bezug auf die Frauen-Thematik?

Als ich hier anfing, war es neu für mich, dass ich zu einem großen Teil von Männern umgeben war. Mein früheres Team war international aufgestellt gewesen, und gerade Asiatinnen arbeiten seit jeher auch mit Kindern Vollzeit; oft übernehmen die Großeltern einen Löwenanteil der Kinderbetreuung.

Zurück in die Schweiz: Warum ist es Ihnen wichtig, dass Sie auf der zweiten Führungsebene den Frauenanteil steigern können?

Mir ist es wichtig, dass wir langfristige Entwicklungsplanungen mit unseren Mitarbeitern machen können. Wenn ich dereinst eine oder mehrere Frauen in der Geschäftsleitung haben will, muss ich weiter unten valable Kandidatinnen haben. Wenn ich einfach Frauen von extern rekrutiere, torpediere ich damit unsere interne Entwicklungsplanung. Zudem sind Entwicklungsperspektiven wichtig für alle Mitarbeitenden.*

Wie wichtig ist Ihnen diese Entwicklung im Hinblick auf Frauen, die Mütter werden?

Ich sehe es als Aufgabe der Unternehmung, die Frauen, die nicht aus der Berufslaufbahn aussteigen, auch wirklich weiterzuentwickeln. Heute bringt die Geburt eines Kindes meist einen Karriereknick mit sich. Wenn die Frau auf dem Karrierestand von vor der Geburt bleiben kann, wird dies schon als Erfolg gewertet. Dabei ist das bereits zu wenig. Wir müssen da besser werden.

Warum?

Ich habe festgestellt, dass Frauen beruflich eher am Ball bleiben, wenn sie bei der Geburt ihres ersten Kindes bereits entscheidende Karriereschritte gemacht haben. Mitarbeiterinnen, die einen herausfordernden und spannenden Job ausführen, werden ihre berufliche Karriere viel seltener einfach so aufgeben, um hauptsächlich für die Kinder da zu sein.

Vereinbarkeit ist ein wichtiges Stichwort, wenn es um Kinder und Karriere geht. Wie stehen Sie dazu?

Der größte Gap in der ganzen Frauenförderungsthematik ist für mich, dass alleine schon die Vereinbarkeit von Familie und Beruf als Herausforderung angesehen wird. Für mich gehört es einfach dazu, dass jemand sein Privatleben organisiert bekommt.

Die grundsätzliche Organisation ist das eine. Auf Unvorhergesehenes zu reagieren das andere. Was braucht es also zusätzlich?

Ich realisiere gerade, dass ich vieles aus einer Selbstverständlichkeit heraus argumentiere – diese Selbstverständlichkeit besteht jedoch nur in wenigen Firmen. Flexibilität ist absolut wichtig, wenn man Kinder hat. Unser Arbeitssystem lässt diese aber nur zu einem gewissen Grad zu. Hier setze ich vor allem große Hoffnungen in die Möglichkeiten, die uns der technische Fortschritt gebracht hat.

(*Inzwischen sitzt mit Alexandra Lau eine Frau in der Geschäftsleitung der BLKB. Das Interview wurde Ende 2019 geführt.)

Die Rolle der Arbeitgeber
Welchen Anteil haben die Arbeitgeber daran, dass Frauen dank Partnern, die ihre Rolle als Vater umfassend wahrnehmen, bessere Karrierechancen bekommen? Auf den ersten Blick vielleicht wenig. Können doch Unternehmen nicht in die Partnerwahl ihrer Mitarbeiterinnen eingreifen. Doch wenn man die Thematik ganzheitlich betrachtet, eröffnet sich hier ein extrem wichtiges Handlungsfeld: Unternehmen, die Teilzeitarbeit bei Männern fördern, ermöglichen auf der anderen Seite Frauen, verantwortungsvollen Jobs nachzugehen. Das Thema Vereinbarkeit wird nämlich meist viel zu stark in der «Frauen-Ecke» verortet. Dabei betrifft es beide Geschlechter gleichermaßen. Erst wenn wir davon wegkommen, die Verantwortung für die Vereinbarkeit von Familie und Beruf allein bei der Mutter anzusiedeln, erreichen wir Chancengleichheit. Warum werden Männer in Vorstellungsgesprächen selten danach gefragt, wie sie Kinder und Job unter einen Hut bekommen?

Mutterschaftsurlaub oder Elternzeit?
Ein weiteres spannendes Thema ist der Mutterschaftsurlaub. Abgesehen von der Tatsache, dass das Wort «Urlaub» einen völlig falschen Eindruck von diesen intensiven ersten Wochen mit einem neugeborenen Kind vermittelt, geschieht in diesem Kontext noch ein weiterer Fehler, der den weiblichen Karrieren eher schadet als nützt: Unternehmen schreiben sich gerne auf die Fahne, dass sie frauenfreundlich seien und ihren Mitarbeiterinnen einen längeren Mutterschaftsurlaub gewährten, als er vom Staat vorgesehen sei. Doch diese Maßnahme dient nicht der Frauenförderung: Es zementiert vielmehr geradezu ein veraltetes Rollenmodell, wenn sich die Frau die ersten sechs Monate nach der Geburt ausschließlich um das Baby kümmert. Sechs Monate Abwesenheit am Ar-

beitsplatz sind in unserer schnelllebigen Zeit unendlich lang. Manch eine Frau hat in der Babypause eine Reorganisation verpasst oder einen neuen Vorgesetzten bekommen.

Und wo bleiben die Väter nach der Geburt ihres Kindes? Im Normalfall im Arbeitsleben. Inzwischen gehen auch in der Schweiz erste Unternehmen einen Schritt weiter und haben statt verlängertem Vaterschafts- und Mutterschaftsurlaub eine Elternzeit eingeführt. Im Kontext des auch 2020 noch eintägigen gesetzlichen Vaterschaftsurlaubs in der Schweiz ist dies geradezu revolutionär.

Nur wenn die Väter von Anfang an in die Betreuung, Pflege und Organisation der Kinder eingebunden sind, haben Mütter eine Chance, dass die Kombination aus Beruf und Familie nicht zur unerträglichen Doppelbelastung wird. Wenn der Vater jeden Morgen im Halbdunkel aus dem Haus rauscht und die Mutter alleine fürs Wecken, Bereitmachen und In-Kita/Kindergarten/Schule-Bringen der Kinder verantwortlich ist, wird die Frau einen Großteil ihrer Energie schon verbraucht haben, bevor sie überhaupt am Arbeitsplatz angekommen ist.

Gemeinsam anpacken
Die beste Wirkung für die Frauenförderung kann dann erzielt werden, wenn Mütter und Väter gleichwertig behandelt werden. Mit allen Konsequenzen. Männer, die ihre Rolle als Vater ernst nehmen und sich weit über das hinaus engagieren, was für sie im traditionellen Familienbild vorgesehen ist, sind für Frauen mit beruflichen Ambitionen matchentscheidend. Und zwar auf beiden Seiten: privat wie beruflich. Während die Doppelbelastung Familie/Beruf mit einem starken und engagierten Partner an der Seite im Rahmen eines egalitären Modells deutlich weniger anstrengend ist und mehr Flexibilität ermöglicht, sind es im Job Arbeitskollegen und Vorgesetz-

te, die selbst familiäre Betreuungs- und Organisationsverpflichtungen haben, welche dieses Modell eher unterstützen. Wer zum Beispiel seinen Nachwuchs aus der Kita an drei Tagen selbst abholen muss, wird eher auch auf den Feierabend seiner Mitarbeitenden und Stakeholder Rücksicht nehmen. Wer einen Teil der Betreuung seiner kranken Kinder mit übernimmt, hat Verständnis dafür, dass Wintermonate nun einmal zur Grippesaison gehören. Und wer zu Hause eine feste Rolle im Familien- und Betreuungsalltag spielt, weiß genau, dass Eltern bei spontanen Terminen außerhalb der normalen Arbeitszeit schlichtweg gewisse Vorlaufszeit benötigen.

Auch wenn der eigene Mann nicht im gleichen Betrieb arbeitet, ist es für eine Frau also von großem Vorteil, wenn ihr Arbeitgeber Väter in ihrer Betreuungsaufgabe unterstützt: Je mehr auch Männer an fixen Tagen für die Kinder zuständig sind, desto weniger sind es die Frauen allein, die nicht flexibel sind. Es sind die betreuenden Eltern, die naturgegeben mehr Abhängigkeiten haben als ungebundene Kinderlose. Je öfter auch Männer ihr Arbeitspensum auf 80 Prozent reduzieren, desto weniger wird es als störend wahrgenommen, dass eine Frau ihr Pensum um 20 Prozent reduziert hat und infolgedessen an zwei Halb- oder einem Ganztag nicht verfügbar ist. Allein durch diese Flexibilität wirkt auch ein Teilzeitpensum von Frauen weniger nachteilig.

Den gleichen Effekt können wir beim Mutterschaftsurlaub erzielen: Wenn Väter in einem Unternehmen ebenfalls vierzehn Wochen Vaterschaftsurlaub bekommen würden, wäre es für die Frauen kein Wettbewerbsnachteil mehr, dass sie im Falle einer Geburt für eine gewisse Zeit ausfallen. Die nachhaltige Entlastung, die eine solche Maßnahme für die Frauen auf der privaten Seite erbringen würde, ist im vorangehenden Kapitel ausführlicher beschrieben. Wichtig ist dabei nur, dass dieser «Urlaub» nicht – oder nur zu einem geringen Teil –

mit dem Mutterschaftsurlaub zusammenfällt. Denn die Idee dahinter ist ja nicht, dass die Familie die Zeit für ausgiebige Ferien nutzt, sondern dass auch der Vater die Chance bekommt, seine Rolle im echten Familienalltag zu finden und in seine betreuende Vaterrolle hineinwächst.

«Milchbüchlein»-Rechnung

Wer wie viel arbeitet, ist in den meisten Familien eine klassische Kalkulation. Denn junge Familien machen vor allem eines: rechnen. Das Teuerste am Kinderkriegen ist bei der Familiengründung nicht der Luxus-Kinderwagen für 2000 Franken. Es ist der Einkommensverlust, weil das Gesamtarbeitspensum der Familie reduziert wird. Und weil die Familien meist sehr genau rechnen müssen, ist die größte Gefahr für die berufliche Laufbahn einer Frau der Lohn ihres Mannes. Wenn das Lohngefälle dem klassischen Schweizer Durchschnitt entspricht – der Mann also deutlich mehr verdient als die Frau – sinkt die Wahrscheinlichkeit, dass der Vater sein Pensum ebenfalls reduziert, damit die Mutter mehr als nur ein Mini-Teilzeitpensum absolvieren kann, ohne dass die Kinder größtenteils familienextern betreut werden.

Für Unternehmen, die junge Mitarbeiterinnen mit Potenzial nicht an «Heim&Herd» verlieren wollen, spielt der Lohn des Partners der eigenen Angestellten eine große Rolle. Da fragt sich: Wie können Vorgesetzte herausfinden, mit welchem Lohn der Verdienst ihrer Angestellten bei der familieninternen Betreuungszeiten-Arbeitspensum-Rechnerei konkurriert? Ganz einfach: indem das Unternehmen beim Vaterschaftsurlaub noch einen Schritt weitergeht und diesen nicht nur den Vätern im eigenen Betrieb, sondern auch dem Partner einer weiblichen Angestellten zahlt, während jene in der eigenen Firma unbezahlten Urlaub nimmt. Die Maßnahme

«14 Wochen Vaterschaftsurlaub» greift also auch auf dieser Ebene.

Die Rolle der Männer im Überblick

- Wer Frauen fördern will, muss zwingend bei den Männern ansetzen.
- Moderne Arbeitsformen verändern die Arbeitswelt der Männer tief greifend, indem sie ihnen die Möglichkeit geben, einen verantwortungsvollen Job in 80 Prozent auszuüben und somit einen Teil der Betreuungszeit zu Hause zu übernehmen.
- Ein verlängerter Mutterschaftsurlaub zementiert traditionelle Rollenmodelle, ein langer Vaterschaftsurlaub kann die Ungleichheit der Verantwortung zu Hause aufbrechen.
- Je mehr auch die Männer fixe Betreuungsaufgaben übernehmen, desto weniger sind es nur die Mütter, die in den Randzeiten unflexibel sind.

Push- und Pull-Faktoren – Warum Unternehmen ihre Mitarbeiterinnen verlieren

Ein Großteil der Frauen in der Schweiz verlässt nach der Geburt der Kinder den Karrierepfad. Was sind die Beweggründe? Die Migrationstheorie kennt zwei Begriffe, die sich auch dazu eignen, die Nicht- respektive Kaum-Berufstätigkeit von Müttern nachzuverfolgen: Push- und Pull-Faktoren.

Im ursprünglichen Kontext definieren diese Termini, was im Herkunfts- oder im Zielland dafür verantwortlich ist, dass Menschen ihren angestammten Lebensraum verlassen. Die Push- und Pull-Faktoren der Migration werden in wirtschaftliche, soziale, demografische und politische Gegebenheiten sowie einschneidende Ereignisse unterteilt.

Auf die Thematik dieses Buches übertragen sind unter Push-Faktoren Gründe am Arbeitsplatz zu verstehen, die Frauen dazu verleiten, diesen zu verlassen oder zumindest das Pensum drastisch zu reduzieren, wenn sie Kinder bekommen. Zu den Pull-Faktoren zählen Ursachen zu Hause, innerhalb der Familie oder im gesellschaftlichen Gefüge, welche Frauen «zurück an den Herd» ziehen.

Befragungen zeigen, dass meist Faktoren auf beiden Seiten eine Rolle spielen, wenn Mütter nach dem Mutterschaftsurlaub nicht mit hohem Pensum an den Arbeitsplatz zurückkehren. Diese Faktoren lassen sich wie in der Migrationstheorie auf beiden Seiten in fünf Kategorien einteilen.

Push-Faktoren: Was Frauen vom Karrierepfad abbringt
Die Push-Faktoren stehen für Gründe im beruflichen Umfeld, die die Frauen dazu bringen, nach dem Mutterschaftsurlaub nicht mehr in ihren Job zurückzukehren, ihr Pensum

deutlich zu reduzieren oder auch nach der Rückkehr an den Arbeitsplatz doch noch zu kündigen.
- Wenn wirtschaftliche Komponenten dafür verantwortlich sind, dass eine Angestellte als Mutter nicht mehr oder nur in niedrigem Pensum an den Arbeitsplatz zurückkehrt, steht der Lohn der Frau in einem ungünstigen Verhältnis zu den Kosten für die familienexterne Kinderbetreuung.
- Wenn soziale Ursachen die Frau aus dem Vollzeit- respektive Beinahe-Vollzeit-Arbeitsverhältnis treiben, dann spielt die Geschlechterdiskriminierung am Arbeitsplatz eine Rolle. Auch die (meist inoffizielle) Grundhaltung innerhalb des Unternehmens – ob eine Frau auch als Mutter grundsätzlich weiterarbeitet oder eher aus der Firma ausscheidet – ist maßgebend.
- Demografische Faktoren, die eine Arbeitnehmerin dazu bringen, sich auf die Familie statt auf die Karriere zu konzentrieren, sind mangelnde Entwicklungschancen, weil entscheidende nächste Karriere-Positionen auf lange Sicht besetzt sind.
- Unter den politischen Faktoren im Zusammenhang mit dem Verlassen des Karrierepfads durch die Mütter spielt die Bereitschaft der Unternehmen, der Teams und der Vorgesetzten, zu einem gewissen Grad auf die Situation von Arbeitnehmern mit Kindern Rücksicht zu nehmen, die wichtigste Rolle. Herrschen eine Firmenkultur und ein Arbeitsklima, die eine Vereinbarkeit von Beruf und Familie stark erschweren, führt dies vermehrt dazu, dass Frauen nach dem Mutterschaftsurlaub nicht an den Arbeitsplatz zurückkehren.
- Zu den einschneidenden Ereignissen, die eine Mutter dazu bringen, ihre Karriereambitionen aufzugeben, zählen tief greifende Umstrukturierungen oder Mobbing-Situationen am Arbeitsplatz.

Pull-Faktoren: Was Frauen an ihr Zuhause fesselt
Auf der anderen Seite stehen die Pull-Faktoren: Gründe für den Karriere-Ausstieg von Müttern, die sie sozusagen nach Hause zu den Kindern ziehen. Bei den Pull-Faktoren steht das familiäre Gefüge, in dem sich die Angestellte bewegt, im Zentrum. Analog zu den Pull-Faktoren der Migrationstheorie lässt sich hier folgende übergeordnete Einteilung machen:
- Bei den wirtschaftlichen Faktoren steht das Gesamtbudget der Familie im Zentrum: Verdient der Mann signifikant mehr als die Frau, ist die Chance groß, dass die Mutter das Pensum stark reduziert oder ganz aus dem Erwerbsleben ausscheidet, um sich um die Kinder zu kümmern.
- Die sozialen Faktoren, die eine Frau dazu bringen, den Karrierepfad mit dem Mutterwerden zu verlassen, wurzeln in den gesellschaftlichen Vorstellungen von Mutterschaft und Familie. Die Nationalfonds-Studie «Antizipierte Elternschaft und Berufstätigkeit» aus dem Jahr 2019 zeigt, dass junge Erwachsene auch heute noch am hochstilisierten Familienbild der 1950er-Jahre festhalten: Eine richtige Mutter kümmert sich aufopfernd und umfassend um ihren Nachwuchs, der Mann ist für das finanzielle Vorwärtskommen zuständig.
- Zu den demografischen Faktoren, die dazu führen, dass eine Frau eher aus dem Erwerbsleben ausscheidet, zählt die Infrastruktur. Sind genügend Kitaplätze vorhanden? Wie nah sind diese gelegen und welche Öffnungszeiten bieten sie an? Gerade in ländlichen Gebieten der Schweiz fehlen oft auch Tagesstrukturen im Schulbereich. Wenn grundsätzlich davon ausgegangen wird, dass die Kinder zu Hause zu Mittag essen, macht das die Alltagsorganisation für Familien, in denen beide Elternteile im hohen Prozentbereich arbeiten, sehr komplex.

- Die politischen Pull-Faktoren, die weibliche Karrieren torpedieren, lassen sich nicht auf den aktuell viel diskutierten Vaterschaftsurlaub und die Elternzeit reduzieren. In diesem Kontext spielt die gesellschaftspolitische Komponente eine wesentliche Rolle. Nach welchen Spielregeln funktioniert das Umfeld, in dem sich die Angestellte bewegt? Wie normal ist es, dass eine Frau auch als Mutter einen verantwortungsvollen Job ausübt? Wie groß ist der Druck, dass man mit dem Kinderkriegen alles andere dem Familienalltag unterordnet?
- Auf die Frage, welche Umstände sie dazu bringen könnten, ihren geliebten Job aufzugeben, antworten alle in Teil II porträtierten Mütter: «Wenn eines meiner Kinder schwer krank würde.» Somit können Krankheit oder Unfall der Kinder oder des Partners als wichtigste einschneidende Ereignisse notiert werden, wenn es um die Pull-Faktoren des weiblichen Karriereausstiegs geht.

Achtung Falle – Die klassischen Stolpersteine auf dem weiblichen Karrierepfad

Wir haben es gesehen: Es gibt eine Reihe von Push- und Pull-Faktoren, die zur Folge haben können, dass Frauen nach der Geburt ihrer Kinder nicht mehr oder nur in karrieretechnisch ungünstigem Teilzeitpensum an ihren Arbeitsplatz zurückkommen. Plakativ formuliert können diese Faktoren auch als Fallen dargestellt werden. Fallen, in die einerseits die Frauen tappen, wenn sie sich in ihrer neuen Doppelrolle als Mutter und Berufstätige hinterfragen. Andererseits sind es genau diese Fallen, die dazu führen, dass – obwohl in der Schweiz seit fünfundzwanzig Jahren Frauenförderung betrieben wird und viele Unternehmen Ressourcen in dieses Thema investieren – gerade mal 16 Prozent der Topmanager in der Schweiz weiblich sind.

Die Vereinbarkeit von Beruf und Karriere kann funktionieren. Vorwärtskommen im Beruf ist unter den richtigen Voraussetzungen auch mit Kindern möglich. Doch es gibt eine Reihe von Stolperfallen, die den Frauen mit Potenzial im Lauf der Zeit zum Verhängnis werden können.

Die Assistenten-Falle
«Ich bin schwanger, ich möchte nach der Geburt gerne 50 Prozent weiterarbeiten.» Dieser Satz wird sehr oft ausgesprochen. Und in vielen Fällen lautet die Antwort: «Wir müssen schauen, was wir für dich haben.» Wenn Arbeitnehmerinnen ihr Pensum aufgrund der Mutterschaft deutlich reduzieren, können sie nicht immer in ihrem alten Job weitermachen. Oftmals müssen sie sich damit zufriedengeben, dass sie überhaupt eine Stelle im gewünschten Prozentbereich und in ihrem Tätigkeitsfeld angeboten bekommen. Ein Karriereschritt nach oben ist diese neue Stelle jedoch nie. In der Regel sind es Arbeiten, die wenig termingebunden und auch weniger relevant sind.

Auch Frauen, die ihre bisherige Stelle behalten können und einfach ihr Pensum reduzieren, merken bald einmal, dass die interessanten Arbeiten immer seltener über ihren Tisch gehen. «Immer dann, wenn es spannend wird, bin ich dummerweise nicht da», sagt eine Teilzeit-Angestellte. «Das ist nicht so wichtig, das kannst du ihr aufs Pult legen», sagen die Vorgesetzten im Büro.

Ganz egal, ob die Teilzeitstelle nach einer Geburt offiziell eine untergeordnete Position ist, oder ob sich die bisherige Stelle durch häufige Abwesenheit zur «Zudiener-Funktion» entwickelt: Wer erst einmal in der Assistenten-Falle gelandet ist, hat Mühe, da wieder rauszukommen.

Wie können Unternehmen verhindern, dass Frauen in der Assistenten-Falle landen? In erster Linie geht es hier um eine kulturelle Frage. Gilt die (meist unausgesprochene) Devise, dass richtige Jobs nur in Vollzeit machbar sind? Oder ist das Unternehmen modern genug, auch alternative Arbeitsmodelle zu unterstützen? Kann eine Funktion auf zwei Personen aufgeteilt werden? Ist es durch moderne Arbeitsformen, durch die Möglichkeit zu mobil-flexiblem Arbeiten und durch die Bereitschaft der Angestellten, auch außerhalb ihrer definierten Arbeitszeiten im Notfall erreichbar zu sein trotzdem möglich, Verantwortung für relevante Prozesse zu übernehmen? Digitalisierung und modernere Arbeitsformen bieten hier große Chancen. Eine Mitarbeiterin, die zwar an gewissen (Halb-)Tagen nicht im Büro ist, die man jedoch anrufen kann, wenn sich in einem ihrer Dossiers unerwartete Brisanz entwickelt, kann durchaus Verantwortung übernehmen.

Wie können Frauen ihrerseits verhindern, dass sie in der Assistenten-Falle landen? Sie können aktiv daran arbeiten, dass sie nicht unwichtig werden. Sie können ihre Arbeitsabläufe durch die Möglichkeiten der Digitalisierung so gestalten, dass sie die Verantwortung dafür weiterhin vollständig tragen können. Schließlich kennt niemand den eigenen Job, die Besonderheiten und Abhängigkeiten so gut wie die betroffene Person selbst. Teilzeit-Angestellte können ihre Arbeitszeiten und Arbeitstage vielleicht so legen, dass sie optimal zu den Workflows des Jobprofils passen. Sie können ihrem Team anbieten, im Zweifelsfall auch an Nicht-Arbeitstagen erreichbar zu sein. Das bedingt jedoch Kolleginnen und Kollegen, die eine saubere Triage machen können.

Die Hintertürchen-Falle
«Mein Job ist okay, aber auch nicht mehr.» Wer das von seinem Beruf sagt, wird eher dazu bereit sein, die Erwerbstätigkeit ganz aufzugeben und sich «erst einmal nur den Kindern zu widmen». Wer nicht für seinen Beruf brennt und nicht voller Leidenschaft bei seiner Arbeit ist, wird sie eher als Belastung empfinden. Die Frauen, die im zweiten Teil des vorliegenden Buches porträtiert sind, arbeiten alle trotz Kindern deshalb ein so hohes Pensum, weil sie an ihrer Arbeit große Freude haben. Weil es sie beflügelt, beruflich etwas bewirken zu können. Und weil sie der Spagat zwischen Familie und Job zwar Energie kostet, ihre berufliche Tätigkeit ihnen aber gleichzeitig auch Power und Motivation bringt.

Wenn diese Voraussetzung nicht erfüllt ist, geschieht es um ein Vielfaches leichter, dass die Frauen ihre Stelle aufgeben oder das Pensum drastisch reduzieren. Es gibt tatsächlich Menschen, die nie den Beruf gefunden haben, der ihrer Berufung entspricht. Es gibt aber auch ganz viele Beispiele, in denen Arbeitnehmer ihre Tätigkeit an sich sehr gerne ausführen, bei denen aber das Arbeitsumfeld nicht (mehr) optimal ist. Wer beruflich auf der Stelle tritt, kein angenehmes Klima im Team hat oder einen unerträglich langen Arbeitsweg in Kauf nehmen muss, ist ebenfalls anfällig für die Hintertürchen-Falle.

Wie können Unternehmen verhindern, dass Frauen in der Hintertürchen-Falle landen? Frauen, die einen wenig attraktiven Job ausüben oder eine Stelle haben, die ihnen nicht wirklich entspricht, scheiden mit der Geburt ihrer Kinder oftmals aus dem Unternehmen aus. In jeder größeren Firma gibt es diese Beispiele: Eine junge Frau übernimmt die Teamleitung, wird ein Jahr später schwanger und verlässt anschließend das Unternehmen. Die nächste Frau rückt nach, sie arbeitet sich ein, wird ebenfalls schwanger und kündigt. Für Mitarbeiter und Vorgesetzte ist es immer mit zusätzlichem Aufwand verbunden, wenn Stellen neu besetzt werden. Wenn in einer Position keine Kontinuität zustande kommt, geht wertvolles Wissen verloren. Lernprozesse sind von kurzer Dauer und Verbesserungen wenig nachhaltig. Deshalb sollte es im Interesse der Vorgesetzten und schließlich auch der Unternehmen sein, dass den Leuten ihr Job gefällt. Wer einerseits Anreize schafft, auf Job-Enrichment setzt und andererseits ein offenes Ohr für die Mitarbeitenden hat, kann Abgänge aufgrund der Hintertürchen-Falle verhindern.

Wie können Frauen ihrerseits verhindern, dass sie in der Hintertürchen-Falle landen? Zum einen liegt in der Verantwortung jeder einzelnen Frau, dass sie nicht auf einem unpassenden, unattraktiven Job sitzenbleibt. Zum anderen braucht es auch den Weitblick, dass vielleicht doch nur dieser eine Job, dieser eine Chef doof ist. Dass es aber grundsätzlich noch viele spannende und sinnstiftende Stellen gibt – man muss sie nur suchen. Ein Mutterschaftsurlaub ist auch immer eine Auszeit vom Job. Eine Möglichkeit, sich darüber Gedanken zu machen, was einem bei der Arbeit wichtig ist und wofür man wirklich brennt. So wird aus der Hintertürchen-Falle eine Chance zur Neuorientierung.

Die Asymmetrie-Falle
«Wie teuer ist eigentlich ein Kind?», fragen sich junge Paare spätestens dann, wenn der erste Nachwuchs unterwegs ist. Klar kann für Babyausstattung ein Vermögen ausgegeben werden. Doch in erster Linie kostet ein Kind Geld, weil es Zeit in Anspruch nimmt. Sei es die Arbeitszeit einer familienexternen Person, die sich während der Arbeitszeit der Eltern um den Nachwuchs kümmert und dafür bezahlt werden muss.

Sei es die Verminderung des Einkommens eines Paares, wenn einer oder beide ihr Pensum reduzieren.

Je asymmetrischer also das Einkommen der beiden Partner zuungunsten der Frau, desto größer ist die Wahrscheinlichkeit, dass die Mutter ganz aufhört zu arbeiten oder zumindest ihr Pensum drastisch reduziert, während der Vater weiterhin Vollzeit seiner Karriere verschrieben ist.

Wie die oben erwähnte Studie zu den Rollenbildern in der Schweiz «Antizipierte Elternschaft und Berufstätigkeit» zeigt, suchen Frauen auch heute noch nach einem Mann, der sie und ihre Kinder ernähren kann. Auch wenn die 1950er-Jahre schon reichlich lange her sind, lässt sich beim Paarungsverhalten noch immer ein gewisses Muster erkennen: Es kommt häufiger vor, dass ein Arzt mit einer Fachfrau Gesundheit anbandelt, als dass sich die Ärztin mit einem Pfleger liiert. Es ist eher der Manager, der mit seiner Sekretärin eine Beziehung eingeht, als die Managerin, die ihren Assistenten heiratet.

Das Fiese daran: Langfristig zementiert Asymmetrie zu Beginn der Elternschaft die Einkommensunterschiede. Denn während der Vollzeit-Berufstätige weiter seine Karriere vorantreibt, hat die Teilzeit-Arbeitende kaum Möglichkeiten, beruflich vorwärts zu kommen. Und je mehr die finanzielle Verantwortung für die Familie nur auf den Schultern des Mannes lastet, desto weniger hat er überhaupt die Möglichkeit, sein Arbeitspensum später noch zu reduzieren. Die Schere zwischen den beiden Einkommen geht mit jedem Jahr ein wenig weiter auf.

Wie können Unternehmen verhindern, dass Frauen in der Asymmetrie-Falle landen? Vorgesetzte sollten sich dafür interessieren, wo die Partner ihrer weiblichen Angestellten beruflich stehen. Es stellt sich nämlich implizit die Frage, mit welchem Lohn der Verdienst der eigenen Mitarbeiterin bei der Betreuungskosten-Milchbüchlein-Rechnung zu Hause konkurriert. Indem Vorgesetzte die Frauen im Team, die sie fördern und nachhaltig entwickeln möchten, in spannende und gut bezahlte Positionen bringen, erhöhen sie die Chance, dass diese Frauen ihnen auch als Mütter in einem hohen Arbeitspensum erhalten bleiben.

Wie können Frauen ihrerseits verhindern, dass sie in der Asymmetrie-Falle landen? Die Antwort schrieb die Autorin Charlotte Roche 2018 sehr treffend im Magazin der Süddeutschen Zeitung in ihrer Kolumne «Lasst euch nicht zu Hausfrauen machen». Da es dem natürlichen Paarungsverhalten entspreche, dass sich Frauen einen gut verdienenden Ernährer aussuchten, bleibe ihnen nur ein Ausweg: «Wenn die Frau einen Highperformer will, muss sie eben noch higher performen, also zum Zeitpunkt der Befruchtung schon mal mehr verdienen als der Mann.» Etwas weniger provokativ lässt sich daraus zumindest der Anspruch ableiten, sich nicht einfach darauf zu verlassen, dass später einmal automatisch der Mann für das finanzielle Wohlergehen der ganzen Familie zuständig sein wird. Frauen sollten ihre eigene Karriereplanung im Kopf nicht mit der Geburt des ersten Kindes beenden, sondern sich Gedanken darüber machen, wie sie langfristig und auch mit Kindern arbeitsmarktfähig bleiben können.

Die Vereinbarkeits-Falle
«Das ist doch alles nur eine Frage der Organisation.» Die deutschen Journalistinnen Susanne Garsoffky und Britta Sembach entlarven Sätze wie diese als Lügen und fordern mehr Ehrlichkeit. Für sie steht fest: Familie und Beruf sind nicht zu vereinbaren. Deshalb veröffentlichen sie 2014 das Buch *Die Alles-ist-möglich-Lüge*. Obwohl der Tag nur vierundzwanzig Stunden hat, werde von vielen berufstätigen El-

tern verlangt, mindestens acht Stunden auf der Arbeit präsent zu sein. Wer so noch Qualitätszeit mit seiner Familie verbringen möchte, müsse klonen, beamen oder zaubern können. Seit die Mutter nicht mehr automatisch zu Hause bleibe, müsse die Care-Arbeit nach Feierabend erledigt werden. Womit der Feierabend eben kein Feierabend mehr sei. Unter diesen Voraussetzungen gehe vielen arbeitenden Müttern irgendwann der Schnauf aus.

Wie können Unternehmen verhindern, dass Frauen in der Vereinbarkeits-Falle landen? «Sei ein familienfreundlicher Vorgesetzter und Kollege», schreiben die Verteidigerinnen der Alles-ist-möglich-Lüge. Auf Ebene der Unternehmen bedeutet dies, dass es eine Firmenkultur braucht, die Vereinbarkeit von Karriere und Kindern nicht nur zulässt, sondern unterstützt. Digitalisierung und moderne Arbeitsbedingungen sind auch hier der Schlüssel: Flexible Arbeitszeiten sowie Arbeitsmodelle, die über ganztags/halbtags hinausgehen, helfen. Die Kultur eines Unternehmens kann jedoch nicht alleine durch organisatorische und technische Maßnahmen verändert werden. Es braucht Menschen, die mit gutem Beispiel vorangehen und anderen ein Vorbild sind. Und am Ende muss die kritische Grenze überschritten werden, damit aus dem Sonderfall Karriere-Mutter eines von mehreren Rollenmodellen wird.

Wie können Frauen ihrerseits verhindern, dass sie in der Vereinbarkeits-Falle landen? «Ich sage es einfach; ich frage nicht», sagt eine der Mütter im zweiten Teil dieses Buches. So selbstverständlich, wie sie sich nach Feierabend zu Hause noch einmal an den Laptop setzt, um dringliche Mails, für die es im Büro nicht gereicht hat, zu beantworten, so selbstverständlich trägt sie in ihre Büro-Agenda «Out of Office» ein, wenn sie an einem Vormittag einen wichtigen Arzttermin mit ihrer Tochter hat. In der Arbeitswelt ist die Selbstverständlichkeit, mit der sich beruflich stark engagierte Eltern auch mal den nötigen Raum für ihre familiären Verpflichtungen verschaffen, entscheidend dafür, ob sich die Kombination Familie/Karriere wie ein zermürbender Dauerlauf oder wie eine spannende Herausforderung anfühlt.

Zu Hause ist es ganz wichtig, dass die Frauen nicht versuchen, die ganze Verantwortung alleine zu schultern. Je mehr der viel zitierte «mental load» einer Familie auf beide Erwachsenen verteilt ist, desto kleiner ist die Last des Einzelnen. Doch auch die beste Arbeitsteilung zu Hause und das größte Selbstverständnis nützen nichts, wenn die strukturellen Gegebenheiten im Job oder bei der Kinderbetreuung unnötigen Stress generieren: eine Kita, die erst öffnet, wenn die Mutter eigentlich schon am Arbeitsplatz sein soll. Vorgesetzte, die implizit vermitteln, dass Arbeiten im Homeoffice keine richtige Arbeit sei. Oder ein langer Arbeitsweg, der nicht als Arbeitszeit genutzt werden kann. Das sind Gründe, die eine sinnvolle Vereinbarkeit von Familie und Beruf torpedieren. Dann ist es wahrscheinlich an der Zeit, sich nach anderen Betreuungsmöglichkeiten oder einem anderen Job umzuschauen.

Die Überperformance-Falle
Studien belegen, dass sich Frauen seltener auf Stellen bewerben, wenn sie nicht alle Anforderungen einer Ausschreibung erfüllen. Hewlett-Packard fand 2014 in einem internen Report heraus, dass sich Männer bereits dann für eine Beförderung bewerben, wenn sie nur 60 Prozent der Kompetenzen mitbringen. Ihre Kolleginnen taten es nur, wenn sie alle geforderten Qualifikationen vorweisen konnten. Unter dem Begriff Confidence Gap machte dieses Phänomen die Runde.

Doch das Problem mit dem Vertrauen ist nicht alleine bei den Frauen und ihrem mangelnden Selbstvertrauen anzusiedeln. Es ist auch auf der Seite der Vorgesetzten zu verorten: Während Männern eher zugetraut wird, dass sie das nötige Potenzial für eine neue Aufgabe mitbringen, müssen sich Frauen in der Regel erst beweisen. Frauen, die befördert werden, stehen also viel mehr unter Druck, sich in dieser neuen Position durch hohe Performance zu bewähren. Dieser Druck verleitet sie nicht nur zu Höchstleistungen, sondern birgt auch das Risiko in sich, dass diese Frauen über längere Zeit deutlich mehr leisten, als eigentlich durch eine einzelne Person zu stemmen ist. Dazu kommt, dass die Frauen in ihrer Rolle als Mutter aufgrund ihrer Berufstätigkeit angreifbar sind. Entsprechend sind sie der Gefahr ausgesetzt, auch als Mutter hervorragend zu performen. Das bedeutet: ein großartiger Geburtstagskuchen, Weihnachtsdekoration, für die man einen Publikumspreis gewinnen könnte, und an den freien Nachmittagen gerne mal alle Kinder aus dem Quartier bei sich zu Hause bespaßen. Auf Dauer geht diese Überperformance beiderseits zu Lasten von Ressourcen und Gesundheit der arbeitenden Mütter.

Wie können Unternehmen verhindern, dass Frauen in der Überperformance-Falle landen? Eine Situation, die die meisten arbeitenden Mütter kennen: Im Vorstellungsgespräch kommt die Frage «Schaffen Sie diesen Job mit ihren Kindern?». Das bringt Frauen direkt in einen Rechtfertigungszwang. Und hat zur Folge, dass sie nicht nur beweisen müssen, dass sie gut sind, sondern auch noch, dass ihre Kinder ihre Leistungen nicht schmälern. Das Resultat ist oft ein Überkompensieren und der Hang dazu, die Extrameile jeden Tag zu gehen. Bei der Tendenz zur Überperformance sind Vertrauen und Wertschätzung die wichtigsten Instrumente, um als Vorgesetzte korrigierend einzugreifen. Hilfreich ist es auch, wenn Chefs sich der Tatsache bewusst sind, dass Frauen, die im Job sehr engagiert sind, ihre eigenen Ressourcen eher zu spät als zu früh berücksichtigen. Wenn also eine Angestellte sagt «Ich glaube, ich kann nicht mehr!», sollten die Alarmglocken läuten.

Wie können Frauen ihrerseits verhindern, dass sie in der Überperformance-Falle landen? Indem sie sich dessen bewusst sind, dass sie nicht nur für ihren Job und ihre Familie Sorge tragen müssen, sondern auch einen Auftrag zur Selbstfürsorge haben. Dieser Begriff aus der Psychotherapie meint Aktivitäten, die dem psychischen und physischen Wohlbefinden dienen und helfen, Belastungen und Stress auszugleichen. Und ist deshalb eine Grundvoraussetzung dafür, dass die arbeitenden Mütter ihre Leistungsfähigkeit und Resilienz nicht verlieren.

Die Fallen im Überblick

- Die Assistenten-Falle
- Die Hintertürchen-Falle
- Die Asymmetrie-Falle
- Die Vereinbarkeits-Falle
- Die Überperformance-Falle

Fazit – Konkrete Handlungsfelder für Unternehmen

Noch immer geht ein Großteil der jungen Schweizerinnen nicht davon aus, dass sie dereinst eine Familie ernähren werden. Bis es in der Schweiz zum Normalfall wird, dass Frauen auch als Mütter Vollzeit arbeiten, wird es wohl noch sehr lange dauern. Doch es wäre für unsere Gesellschaft wünschenswert und ist für unsere Wirtschaft im Hinblick auf den Fachkräftemangel zentral, dass der Anteil der Frauen, die auch mit Kindern ihre berufliche Laufbahn mit entsprechendem Arbeitspensum weiterverfolgen, weiter ansteigt. Vor diesem Hintergrund ist es wichtig, dass Arbeitnehmerinnen mit dem notwendigen Potenzial und der Bereitschaft zum beruflichen Engagement trotz Kindern die Möglichkeit haben, dank unserer digitalisierten Arbeitswelt Kinder und Karriere unter einen Hut zu bekommen.

Während auf gesellschaftlicher Ebene strukturelle Verbesserungen wie flächendeckende Tagesschulen unterstützend wirken können, sind es auf Ebene der Unternehmen diverse konkrete Maßnahmen, die eine Vereinbarkeit von Kindern und Karriere verbessern und somit die freiwillige Doppelbelastung für die Frauen attraktiver machen. Zentral sind Arbeitsinstrumente, Arbeitsprozesse und allem voran die Unternehmenskultur, damit sich in Zukunft mehr als nur ein paar Ausnahmen die Doppelbelastung Familie/Führungsaufgabe zumuten. Hier müssen Firmen ansetzen, wenn sie den Frauenanteil im Topmanagement nachhaltig steigern wollen.

Nichtrückkehrerinnen verursachen Kosten
Firmen und Führungskräfte investieren viel in die Ausbildung und in den Aufbau von Fach- und Führungskräften. Neben denjenigen Mitarbeitenden, die eine Firma aufgrund besserer Anstellungsbedingungen oder Karrierechancen in einem anderen Betrieb verlassen, sind vor allem die Nichtrückkehrerinnen eine unschöne Tatsache. Bis Anfang oder Mitte dreißig gewinnen die Frauen genau wie ihre männlichen Kollegen mit jedem Arbeitsjahr an Erfahrung und Wissen. Sie sind wertvolle Teammitglieder und erbringen ihre Leistungen. Daher ist jede Frau, die nach dem Mutterschaftsurlaub nicht auf ihre Position im Unternehmen zurückkehrt, ein Verlust. Bei jenen, die nach dem Mutterschaftsurlaub nur mit einem kleinen Arbeitspensum zurückkommen, verhält es sich in der Regel ähnlich.

Auch wenn sich fast alle größeren Firmen heute auf die Fahne schreiben, dass Frauenförderung und spezielle Maßnahmen zur besseren Vereinbarkeit von Familie und Beruf eine wichtige Rolle spielen, taugen die konkreten Maßnahmen in der Realität doch meistens eher als HR-Marketing-Story als zur nachhaltigen Förderung weiblicher Karrieren. Ein längerer Mutterschaftsurlaub bei voller Bezahlung ist eine schöne Sache. Doch er hat auch zur Folge, dass wichtige Mitarbeiterinnen durch die Geburt ihrer Kinder länger nicht auf ihrer Position arbeiten.

Mutige Maßnahmen statt HR-Marketing-Storys
«Die Karriereentwicklung von Frauen ist ein wesentlicher Baustein für moderne Unternehmenspolitik», schreibt Olga Kemer. Die Maßnahmen können nur dann wirkungsvoll sein, wenn sie auf den angestrebten und gelebten Inhalten der jeweiligen Unternehmenskultur aufbauen. «Gleichstellung als

Thema im Unternehmen muss auf Vorstands- und Managementsebene angegangen werden», ist Simona Scarpaleggia überzeugt. Diese Aufgabe dürfe nicht einfach an die Personalabteilung oder an ein Diversity-and-Inclusion-Team delegiert werden. Die vorhergehenden Kapitel haben gezeigt: Die klassischen Maßnahmen wie verlängerter Mutterschaftsurlaub oder Teilzeitstellen schießen am Ziel vorbei, sie wirken gar eher kontraproduktiv.

Mit konkreten Maßnahmen, die auf den folgenden Seiten aufgelistet werden, können Unternehmen den Frauenanteil im mittleren und oberen Management nachhaltig steigern. Sie lassen sich in drei Hauptstoßrichtungen unterteilen:
- Modernisierung der Anstellungsbedingungen
- Modernisierung der Arbeitsformen im Kontext der Digitalisierung
- Modernisierung der Geschlechterstereotypen

Modernisierung der Anstellungsbedingungen

Früher war es eindeutig: Wer sein Arbeitspensum reduziert, verliert seinen Kader-Rang und muss seine Führungsposition aufgeben. Auf diesem Gebiet hat sich in den letzten Jahrzehnten schon einiges getan. Heute sind in den meisten Unternehmen die Prozentschwellen für Kaderleute sehr tief angesetzt. Anders sieht es bei den Führungspositionen aus: Da unser Führungsverständnis noch immer stark mit ständiger Präsenz gekoppelt ist, sind tiefe Pensen in Führungsfunktionen oft nur in Kombination mit einem Jobsharing-Partner (sogenanntes Top-Sharing) möglich.

Flexibler Mutterschaftsurlaub

Ein weiteres Thema ist der Mutterschaftsurlaub. Hier gibt es aktuell die verschiedensten Varianten: Nur die staatlichen 14 Wochen bei 80 Prozent Lohn, 14 Wochen bei vollem

Lohn, 16 Wochen, die Wahl zwischen 16 Wochen bei vollem Lohn oder 20 Wochen bei 80 Prozent. Andere Unternehmen verlängern den voll bezahlten Urlaub auf ein halbes Jahr. Aus Sicht der Förderung weiblicher Karrieren wäre es jedoch sinnvoller, die vollständige Abwesenheit der Fach- oder Führungskraft auf ein Minimum zu reduzieren. Warum nicht nach wenigen Wochen wieder zwei halbe Tage pro Woche arbeiten? So steht das Fachwissen der Person weiterhin für das Unternehmen zur Verfügung, und im Gegenzug kann die Person diese früh geleisteten Arbeitsstunden am Ende des Mutterschaftsurlaubs wieder einziehen. Und so zusätzliche Zeit mit dem Nachwuchs verbringen.

Die Modernisierung der Arbeitsbedingungen geht jedoch über diese Kader- und Führungskräferegeln und Anpassungen beim Mutterschaftsurlaub hinaus. Für die Förderung hoher Arbeitspensen bei Müttern ist eine Flexibilisierung der Arbeitsmodelle unumgänglich. Die klassischen Bürozeiten von 8 bis 17.30 Uhr sind gerade für Eltern schulpflichtiger Kinder ein unnötiger Stress. Wer zum Beispiel seine 70 Prozent Arbeitszeit auf fünf Tage in der Woche verteilen kann, hat so die Möglichkeit, eine aktive Rolle im Alltag der Kinder einzunehmen und dem Unternehmen trotzdem jeden Tag zur Verfügung zu stehen.

Kurze Tage
Der Arbeitsplan einer Mitarbeiterin könnte folgendermaßen aussehen: Sie arbeitet bei einer Vollzeit-Arbeitszeit von 42 Stunden in ihrem 80-Prozent-Pensum jeden Tag 6 ¾ Stunden. So kann die Mutter morgens etwas länger zu Hause sein und kann ihren Arbeitsbeginn nach dem Schulbeginn der Kinder ausrichten. Und statt erst kurz vor dem Nachtessen die müden Kinder aus der Betreuung abzuholen, kann die Mutter am späteren Nachmittag nochmals Zeit mit den Kin-

dern verbringen, Hausaufgaben begleiten und ein Ohr für die alltäglichen Probleme des Nachwuchses haben.

Lange Tage

Für Väter ist es heute oft noch unvorstellbar, ihr Pensum auf 80 Prozent zu reduzieren, um an einem Tag der Woche die Betreuung der Kinder zu übernehmen. Aber wenn sie zum Beispiel ein 90-Prozent-Pensum auf vier Tage verteilen können, ist die Bereitschaft schon eher vorhanden. Ein ebenfalls beliebtes Modell ist «70 in 3»: Die Arbeitskraft verteilt die 29 Stunden und 24 Minuten, die ein 70-Prozent-Pensum bedeutet, auf drei Wochentage und muss so nur an drei Tagen eine Betreuung organisieren. Dafür dauern die Arbeitstage statt der normalen knapp 8,5 Stunden gut 9 ³/₄ Stunden.

Zusätzliche Ferientage

Schweizer Schulkinder haben 13 Wochen Ferien. Schweizer Eltern in der Regel zwischen vier und fünf Wochen. Selbst wenn beide Elternteile keine Woche gleichzeitig Urlaub beziehen würden, reicht das Eltern-Ferien-Kontingent für die Kinder-Ferien-Lücken nicht aus. Je nach Betreuungssituation wäre es daher sehr hilfreich, wenn die Erwachsenen zusätzliche Ferientage beziehen könnten. Es gibt Arbeitsmodelle wie das 95-Prozent-Modell, das hier hilfreich ist: Der oder die Angestellte bekommt das ganze Jahr nur 95 Prozent seines Lohnes, obwohl die Person ein 100-Prozent-Pensum leistet. Dafür werden auf dem Ferienkonto 11,5 zusätzliche Tage gutgeschrieben. Bei Teilzeitpensen wird die fünfprozentige Lohnreduktion in die entsprechende Anzahl Tage umgerechnet. Eine andere Möglichkeit ist, dass die Angestellten während des Jahres ein etwas höheres Pensum leisten, als es in ihrem Vertrag steht, und sich so Überzeit aufbauen, die sie dann in den Schulferien als zusätzliche Ferientage einziehen können.

Die kleinen Happen
Ein weiteres Instrument, um die Arbeitszeit, die eine Mutter für ihr Unternehmen im Einsatz sein kann, zu verlängern, ist das Modell «20 Prozent Flex»: Während die Kinder schlafen oder ein paar Stunden von einer Drittperson betreut werden, können Arbeitnehmerinnen im Homeoffice zusätzliche Arbeit leisten. Die meisten Frauen, die in reduziertem Pensum einem verantwortungsvollen Job nachgehen, kennen diese Situation bestens. Allerdings nicht als offizielle Arbeitszeit. Wenn im Arbeitsvertrag festgehalten ist, dass ein Teil – zum Beispiel 20 Prozent – der Arbeitszeit frei verteilt über die ganze Woche geleistet werden kann, ergibt das zusätzliche Flexibilität. Und die vielen Situationen, in denen von zu Hause aus eine wichtige Mail geschrieben, ein Bericht angeschaut und an die nächste Stelle weitergeleitet oder ein dringendes Telefongespräch geführt werden muss, sind somit auch offizielle Arbeitszeit. Für das Team und die Arbeitsabläufe bringt dieses Modell den Vorteil, dass eine Teilzeitkraft in ihren Nicht-Büro-Tagen offiziell gestört werden darf. Die Gefahr, dass Teilzeitkräfte zum Nadelöhr für relevante Prozesse werden, kann so eingedämmt werden.

Höheres Pensum dank Flexibilität
Das Ziel solcher Maßnahmen zu Modernisierung und vor allem Flexibilisierung der Anstellungsbedingungen muss aus betrieblicher Sicht sein, dass Frauen auf diese Weise ein höheres Arbeitspensum leisten können, als es mit relativ fixen Arbeitszeiten und der reinen Möglichkeit für ganze und halbe Tage möglich ist.

Auch aus längerfristiger Perspektive ergibt das Sinn: Wer bereits jeden Tag ein 70-Prozent-Pensum leistet, ist eher bereit, dieses auf 80 Prozent zu erhöhen, da sich die tägliche Arbeitszeit nur minim verlängert. Ein zusätzlicher Halbtag würde da gefühlt viel stärker ins Gewicht fallen.

Modernisierung der Arbeitsformen im Kontext der Digitalisierung

Die Art und Weise, wie in einer Firma gearbeitet wird, spielt eine entscheidende Rolle. Da traditionelle Karrieremodelle auf dem Familiensetting der 1950er-Jahre aufbauen, ist es für Mütter – und auch für zu Hause involvierte Väter – sehr schwer, nach diesen Spielregeln zu punkten. Die Doktrin der Anwesenheitskultur ist im Zeitalter von Digitalisierung und Wissensarbeit jedoch überholt. Themen wie Präsenz und Verfügbarkeit müssen neu beleuchtet werden und bieten große Chancen für eine nachhaltige Frauenförderung.

Mit den Chancen und den verschiedenen Möglichkeiten des mobil-flexiblen Arbeitens haben wir uns bereits eingehend beschäftigt. Damit diese Option auch wirklich Früchte trägt, braucht es sowohl auf kultureller als auch auf technischer Ebene die richtigen Voraussetzungen: Erst wenn es keine Besonderheit mehr ist, dass jemand an gewissen Tagen von zu Hause oder einem anderen Firmenstandort aus arbeitet, wird die Möglichkeit der Homeoffice-Arbeit aus der Mutti-Ecke herauskommen.

Es ist aber selbstverständlich, dass eine Person, die im Homeoffice arbeitet, nicht «nebenbei» noch eine Horde Kinder betreut – das hat mit Arbeiten nicht viel zu tun. Was im Corona-Modus normal war, gehört absolut nicht zum Einmaleins des erfolgreichen Homeoffice. Wenn die Kinder anderweitig betreut sind, ist Homeoffice nicht nur deshalb eine Maßnahme zu Effizienzsteigerung, weil der Arbeitsweg wegfällt.

Work Smart hat aber nicht nur mit dem Arbeitsort zu tun. Die örtliche Flexibilität muss zwar eine gewisse Normalität bekommen, aber auch die Tatsache, dass manche Mitarbeitende abends noch arbeiten, andere dafür lieber sehr früh ihre Tätigkeit beginnen, sollte zum Standard werden. Seit E-Mail als eines der wichtigsten Instrumente der Zusammenarbeit anerkannt ist, gilt asymmetrische Kommunikation häufig als normal und die Nicht-Gleichzeitigkeit verursacht kein Problem mehr.

Unternehmen können hier vorwärts machen, indem sie ihre Führungskräfte dazu anhalten, mit gutem Beispiel voranzugehen und diese modernen Arbeitsformen ebenfalls zu nutzen. Das baut Hemmschwellen ab.

Neben den kulturellen Voraussetzungen muss auch die Technik ihren Teil dazu beitragen, um mobil-flexibles Arbeiten zum normalen Teil der Arbeitswelt eines Unternehmens zu machen. Schon vor Corona stiegen immer mehr Firmen vom festinstallierten PC-Arbeitsplatz auf einen persönlichen Laptop um, der dem Mitarbeitenden grundsätzlich von jedem Ort aus das Arbeiten ermöglichte. Voraussetzung: WLAN oder der Hotspot des eigenen Handys. Als die Schweiz im März 2020 innerhalb weniger Tage einen großen Teil der Erwerbstätigkeit ins Homeoffice verlagerte, zeigten sich die Unterschiede bei den technischen Voraussetzungen der einzelnen Betriebe. Wer zum Beispiel die Telefonie nicht mehr über den klassischen Apparat im Büro betrieb, sondern als Teil der IT-Infrastruktur über den Laptop ansteuern konnte, musste nicht unschön das Geschäftstelefon auf die persönliche Handynummer umleiten.

Mit diesen Voraussetzungen können Frauen – und Männer –, die trotz Kindern einem verantwortungsvollen Job nachgehen, auch in normalen Zeiten viel Zeit für das Unternehmen aufwenden, diese aber ideal auf die Bedürfnisse der eigenen Familie abstimmen. Räumliche und zeitliche Flexibilität steigern die potenzielle Arbeitszeit und wirken sich positiv auf die Leistungsfähigkeit aus. Olga Kemer schreibt, dass Frauen keine Sonderrechte benötigen, sondern nur, dass ihnen eine ganz normale Berufstätigkeit ermöglicht wird. Es geht also nicht in erster Linie um eine Sonderbehandlung der weiblichen Angestellten, sondern viel mehr darum, den heute zur Verfügung stehenden Spielraum bewusst zu nutzen.

Modernisierung der Geschlechterstereotypen
Frauenförderung betrifft beide Geschlechter. Solange feststeht, dass die Frau allein eine Lösung finden muss, damit sie arbeiten kann, wirkt sich das Familienmanagement tatsächlich als Hemmnis aus. Geschlechter-Diversität auf allen Stufen kann nur erreicht werden, wenn die Männer und insbesondere die Väter als Teil der Thematik akzeptiert werden und egalitäre Modelle von der Ecke der Sonderregelungen mehr ins gesellschaftliche Zentrum rücken.

Vierzehn Wochen Elternzeit für den Partner der weiblichen Angestellten
Wie schon vorhergehend notiert: Unternehmen sollten davon absehen, den Mutterschaftsurlaub ihrer Mitarbeiterinnen auf eigene Rechnung zu verlängern. Viel sinnvoller ist es, wenn die Familie der Angestellten als Ganzes betrachtet wird: Warum bezahlt nicht der Arbeitgeber seinen männlichen Angestellten und den Partnern seiner weiblichen Angestellten ebenfalls vierzehn Wochen Vaterschaftsurlaub? Und zwar im Anschluss an den staatlichen Mutterschaftsurlaub, während die Mutter wieder arbeitet. So kann das Baby länger rein familienintern betreut werden, aber die Mutter ist nicht so lan-

ge weg aus dem Job. Das «Frauen-Risiko» einer potenziellen Abwesenheit infolge Mutterschaft wird so nicht noch vergrößert, sondern durch die Gleichbehandlung von Mann und Frau relativiert.

Diese Maßnahme hat zudem einen weiteren wichtigen Effekt: Männer bekommen die Chance, in eine aktive Vaterrolle hineinzuwachsen. Aus Unternehmenssicht unterstützt dies eine Mitarbeitende, die zu Hause nachhaltig ein partnerschaftliches Betreuungsmodell etabliert und somit nicht die ganze Belastung der Familienorganisation alleine schultern muss. Fehltage weiblicher Angestellter aufgrund kranker Kinder können sich auf diese Weise halbieren, da die Eltern diese untereinander aufteilen können.

«Das geht doch nicht. Wir können ja nicht einem Mann Urlaub bezahlen, der nicht bei uns arbeitet», wird nun mancher sagen. Doch, das geht. Der Vater beantragt bei seinem Arbeitgeber unbezahlten Urlaub, und der Arbeitgeber der Frau erstattet ihm dafür in diesen Wochen seinen Lohn. Das hat für die Firma einen weiteren Vorteil: Die Vorgesetzten der Frau kennen den Lohn des Mannes, mit dem sie konkurrieren. Dies für den Fall, dass die Familie die Milchbüchlein-Rechnung macht, wie sie die Arbeitspensen reduziert, um die Kinderbetreuung nicht vollständig familienextern abdecken zu müssen.

Richtige Anreize für höhere Pensen

Wenn Unternehmen verhindern wollen, dass Frauen «noch den Mutterschaftsurlaub mitnehmen» und dann die Stelle kündigen oder auf ein Mini-Pensum reduzieren, müssen sie Anreize schaffen, damit ihnen die Frauen ernsthaft als Arbeitskräfte erhalten bleiben.

Fragt man berufstätige Mütter mit einem hohen Arbeitspensum und einer Stelle mit Fach- oder Führungsverantwortung nach den Gründen für dieses Modell, erfolgt meist die Antwort «Weil ich meinen Job liebe und ihn mit weniger Prozent nicht machen könnte».

Die Anreize, die Unternehmen ihren Mitarbeiterinnen bieten können, damit sie nach dem Mutterschaftsurlaub mit einem möglichst hohen Pensum weiterarbeiten, lassen sich in vier Stoßrichtungen unterteilen. Sie decken sich zum Teil mit den vorangehend dargelegten Modernisierungsmaßnahmen:

- **Attraktiver Job**
  Frauen, die ihren Beruf lieben und für ihren Job brennen, kündigen ihre Arbeitsstelle äußerst selten. Je spannender die Stelle ist, die eine Frau zum Zeitpunkt der Schwangerschaft innehat, desto schwerer wird es ihr fallen, diese aufzugeben. Die weitverbreitete Vorgehensweise der Unternehmen, kinderlose Frauen im «verdächtigen» Alter eher nicht zu befördern, «weil sie sicher bald Kinder möchte», erweist sich als äußerst kontraproduktiv. Wer seinen Mitarbeiterinnen aufgrund einer potenziellen Mutterschaft Steine in den Weg des beruflichen Aufstiegs legt, kreiert eine selbsterfüllende Prophezeiung. Wenn Frauen feststellen, dass sie im Beruf nicht weiterkommen, dass die gleichaltrigen männlichen Kollegen mit vergleichbaren Leistungen an ihnen vorbeiziehen, dann sinkt ihre Motivation, sich nach der Geburt des ersten Kindes noch stark im Job zu engagieren.
  Wer seine Mitarbeiterinnen also nicht an Wickeltisch und Wippe verlieren will, sollte unbedingt eine aktive Entwicklungsplanung mit ihnen machen. Wer gerade befördert wurde, ist besonders motiviert im Berufsleben. Das gilt auch dann noch, wenn Schwangerschaftshormone mit im Spiel sind.
- **Hohe Selbstbestimmung**
  Überall dort, wo es die zentralen Arbeitsprozesse zulassen,

sollten Unternehmen und Vorgesetzte ihren Angestellten Autonomie ermöglichen. Gut qualifizierte Mitarbeiterinnen, die in ihrem Job Verantwortung übernehmen, wissen, wie sie sich organisieren müssen, damit sie ihren Leistungsansprüchen gerecht werden können. Je größer die Möglichkeit zur Selbstorganisation und zum selbstbestimmten Arbeiten, desto einfacher funktioniert die Vereinbarkeit von Kindern und Karriere. Zentral sind in diesem Kontext die Möglichkeiten des mobil-flexiblen Arbeitens und die Verschiebung der Vorherrschaft der Präsenzkultur zu einer Kultur der Erreichbarkeit.

- **Konkurrenzfähiger Lohn**
  Die Entscheidung, ob eine Frau als Mutter weiterhin ihrem Beruf nachgeht und in welchem Pensum sie das macht, hängt selten alleine von der Frau ab. Die Arbeitstätigkeit einer Mutter hängt direkt mit den Möglichkeiten der Kinderbetreuung und der Arbeitstätigkeit des Vaters zusammen. Zwei Variablen spielen dabei eine Rolle: die Betreuungszeit und das Einkommen. Je höher der Lohn der Frau im Verhältnis zum Lohn des Mannes ist, desto größer ist die Wahrscheinlichkeit, dass sie in einem hohen Pensum an den Arbeitsplatz zurückkommt.
  Wer seine Mitarbeiterin also halten will und in Zukunft nicht nur an wenigen Tagen von ihrer Arbeitskraft profitieren möchte, ist gut beraten, diese Mitarbeiterin in eine Position zu entwickeln, in der man ihr einen gegenüber dem Partner konkurrenzfähigen Lohn bezahlen kann.

- **Unterstützende Kultur**
  Unternehmen, die sich ernsthaft auf die Fahne schreiben wollen, dass sie für gleiche Karrierechancen für Männer und Frauen einstehen, sollten sich folgenden Slogan auf die Fahne schreiben: «Wir stehen dazu: Kinder brauchen Zeit. Deshalb reduzieren bei uns auch die Männer ihr Ar-

beitspensum auf 80 Prozent.» Wie wir gesehen haben, fördern Männer mit 80 Prozent gleich auf zwei Seiten die Karrierechancen der Frauen: Sie ermöglichen ihren Partnerinnen mehr Engagement im Beruf und als Arbeitskollegen sorgen sie dafür, dass ein 80-Prozent-Pensum bei Führungskräften genauso normal wird wie ein 100-Prozent-Pensum.

Fazit – Konkrete Handlungsfelder für ambitionierte Frauen

Aus Firmensicht wäre es von großem Vorteil, wenn bei den weiblichen Talenten bereits Anfang zwanzig erkennbar wäre, welche von ihnen mit großer Wahrscheinlichkeit auch als Mütter den Karrierepfad weiter beschreiten und welche ihre mittelfristige Zukunft eher in einem Teilzeitjob zwischen 40 und 60 Prozent sehen.

Die Porträts im nachfolgenden zweiten Teil dieses Buches zeigen, dass sich Gemeinsamkeiten bei den Frauen feststellen lassen, die auch mit Kindern noch auf dem Karrierepfad bleiben. Sie sind gut ausgebildet, haben keinen signifikant tieferen Lohn als ihr Partner, und sie lieben ihre Arbeit. Sie haben in ihrer Partnerschaft schon vor dem Elternwerden darüber diskutiert, wie eine gleichmäßige Verteilung der Familienarbeit beiden Partnern das Arbeiten in einem relativ hohen Pensum ermöglichen soll.

Daraus lassen sich konkrete Handlungsfelder für junge Frauen ableiten, die gerne auch mit Kindern noch beruflich vorankommen möchten:
- der richtige Job
- das richtige Umfeld
- hohe Arbeitsmarktfähigkeit

Der richtige Job
Die Kollegen sind unsympathisch, der Vorgesetzte unfair und die Arbeit macht nicht glücklich. Für Frauen, die in ihrem Job nicht zufrieden sind, erscheint die Aussicht auf ein paar Jahre zu Hause mit dem Kind übermäßig attraktiv. Und schon sind sie in die Hintertürchen-Falle getappt. Wer nicht

Gefahr laufen möchte, nur mangels attraktiver Aussichten die Rolle der Vollzeitmutter zu wählen, sollte sich vor dem Schwangerwerden darum kümmern, den richtigen Job zu finden. Nur Arbeit, die einen glücklich macht und die einem mehr Energie und Freude gibt als sie kostet, wird langfristig mit der Belastung als Mutter zu vereinbaren sein.

Das richtige Umfeld
Die Frage «Habe ich das richtige Umfeld, damit ich Karriere und Kinder packen kann?» stellt sich auf beiden Seiten: Zum einen braucht es ein Arbeitsumfeld, in dem es grundsätzlich möglich ist, auch der eigenen Vorstellung einer Mutterrolle gerecht zu werden. Kollegen, die nicht mit den Augen rollen, wenn man um 17 Uhr gehen muss. Vorgesetzte, die ein gewisses Verständnis dafür haben, dass man nicht immer spontan sein kann.

Zum anderen ist die Doppelbelastung Kinder/Job ohne Unterstützung an der «Heimatfront» nicht zu schaffen. Ob es nun der Vater der Kinder ist, der seinen aktiven und verlässlichen Teil zum Familienleben beiträgt, oder ob es ein gutes soziales Netz ist, das hilft, wenn die sorgsam getaktete Woche aufgrund spontaner Entwicklungen durcheinandergerät. Wer ganz alleine an beiden Fronten kämpfen muss, bleibt über kurz oder lang selbst auf der Strecke.

Hohe Arbeitsmarktfähigkeit
Gespräche mit arbeitenden Müttern zeigen eines: Originelle Lösungen beim Arbeitsverhältnis sind immer dann möglich, wenn der oder die Vorgesetzte stark daran interessiert ist, die Mitarbeiterin in einem möglichst hohen Pensum zu halten. Wer in seinem Job nicht einfach zu ersetzen ist, kann eher verhandeln, wenn es um die idealen Arbeitsbedingungen geht.

Konkrete Handlungsfelder im Überblick

- Wertvolle Mitarbeiterinnen, die nach dem Mutterschaftsurlaub nicht oder nur in kleinem Pensum an den Arbeitsplatz zurückkommen, sind ein Verlust für das Unternehmen.
- Für die Förderung hoher Arbeitspensen bei Müttern ist eine Flexibilisierung der Arbeitsmodelle unumgänglich.
- Frauen brauchen keine Sonderbehandlung, sondern nur, dass der heute zur Verfügung stehende Spielraum genutzt wird.
- Frauenförderung betrifft beide Geschlechter.
- Frauen, die den Beruf gefunden haben, für den sie brennen, und die mit ihrem Partner rechtzeitig über ihre Vorstellungen von Elternschaft und Erwerbstätigkeit sprechen, sind klar im Vorteil, wenn es um die Karriere auch mit Kindern geht.

Teil II

Bitte nachmachen – Frauen, die ihre Doppelrolle erfolgreich meistern

Frauen wie Nicole Burth oder Simona Scarpaleggia, die es nach ganz oben geschafft haben, machen Mut. Für junge Frauen am Anfang ihrer Karriere ist es zentral, dass sie greifbare Vorbilder sehen, an denen sie sich orientieren können. Frauen, die mit kleinen Kindern eine Führungsrolle einnehmen. Frauen, die zusammen mit ihrem Partner genau rechnen müssen, wie sie sich die Kinderbetreuung leisten können, damit sie ihre Karrieren als Fachexperten weiter vorantreiben können. Frauen, die kontinuierlich auf der Karriereleiter nach oben klettern, während ihre Kinder die obligatorische Schulzeit durchlaufen.

Solche Beispiele sind in vielen Unternehmen rar. Wenn Frauen einen Bereich leiten, sind es oftmals kinderlose Kolleginnen. Wenn wir wollen, dass mehr junge Frauen sich ganz bewusst dafür entscheiden, ihre berufliche Laufbahn auch als Mütter aktiv voranzutreiben, dann brauchen wir Vorbilder. Während diese Frauen auch 2020 in der Schweiz noch eine Exotenrolle einnehmen, sind sie auf den folgenden Seiten der Normalfall.

Die Gespräche mit den beruflich stark engagierten Müttern haben eines ganz klar gezeigt: Diese Frauen können ihr doppeltes Engagement nur schaffen, weil die Väter eine wichtige Rolle bei der Betreuung der Kinder einnehmen. Alleinerziehende (nicht Getrenntzerziehende) brauchen ein unglaublich gutes privates Netzwerk, wenn sie Kinder und Karriere unter einen Hut bekommen wollen.

Anne-Kathrin: Partnerschaftliche Verteilung der Betreuungs- und Erziehungsarbeit

Anne-Kathrin ist in einem 80-Prozent-Pensum als Verkehrsplanerin tätig. Die 33-Jährige ist stellvertretende Abteilungsleiterin in einem großen Planungsbüro. Sie hat an der ETH Zürich den Master in Raumentwicklung und Infrastruktursysteme gemacht und arbeitet seit 2013 bei ihrem heutigen Arbeitgeber.

«Ich wünschte mir für unsere Kinder einen Vater, der die Elternrolle genauso einnimmt, wie ich als Mutter.» Bis zur Geburt ihres ersten Kindes arbeitete Anne-Kathrin Vollzeit, nach dem Mutterschaftsurlaub kehrte sie zunächst mit einem 70-Prozent-Pensum zurück, stockte dieses jedoch nach kurzer Zeit zu einem 80-Prozent-Pensum auf. Sie ist drei Tage pro Woche im Büro, einen Halbtag arbeitet sie im Homeoffice. «Wobei ich in der Realität doch regelmäßig auch an meinem Homeoffice-Morgen im Büro bin.» Die restlichen 10 Prozent arbeitet die Verkehrsplanerin mobil-flexibel. Das heißt: Sie leistet diese zusätzlichen Stunden, wenn zum Beispiel ihre Kinder Mittagsschlaf machen, abends oder in Form von Sitzungsterminen, die außerhalb ihrer eigentlichen Arbeitszeit liegen. So kann sie eineinhalb Tage unter der Woche mit ihren Kindern verbringen.

Anne-Kathrins Partner arbeitet ebenfalls Teilzeit, er ist Geschäftsführer in seinem eigenen Unternehmen und kommt auch auf ein Arbeitspensum von ungefähr 70 Prozent. «Uns war es sehr wichtig, dass wir beide eine ausgewogene, partnerschaftliche Verteilung der Betreuungs- und Erziehungsarbeit haben.»

Dass sie auch als Mutter ihrem Beruf nachgehen wird, war für Anne-Kathrin eigentlich immer klar. «Die Tatsache, dass meine Mutter berufstätig war, war wohl genauso entscheidend für mein heutiges Familienmodell wie der Umstand, dass ich einen sehr präsenten Vater hatte.» Ihr Vater arbeitete nie mehr als 80 Prozent, ihre Mutter immer mindestens 50 Prozent, solange die Kinder im Haus waren. Entsprechend ist auch Anne-Kathrins Entscheid, ihre berufliche Laufbahn nach dem Kinderkriegen nicht zu verlassen, weniger dem Anspruch an die eigene Karriere geschuldet als vielmehr der Tatsache, dass ihre Kinder keinen klassischen Wochenendvater haben sollen.

Ihr Partner habe irgendwann – noch vor der Geburt des ersten Kindes – gesagt, dass er sich durchaus vorstellen könnte, ein kleineres Pensum zu arbeiten als seine Frau. Heute teilen sich die beiden die Kinderbetreuung egalitär. Zwei Tage in der Woche sind ihre beiden Töchter in der Kita.

Wie wichtig ist der finanzielle Aspekt bei der Arbeit? «Beim Lohn geht es vor allem um Wertschätzung», sagt Anne-Kathrin. Für die Familie sei der finanzielle Aspekt zwar nicht irrelevant, aber nicht das oberste Kriterium. «Für uns ist es wichtiger, dass wir viel Zeit gemeinsam mit unseren Kindern verbringen können, als dass wir dreimal im Jahr teuer in die Ferien verreisen.»

Wie wichtig ist der direkte Vorgesetzte? «In meinem Fall macht es die Zusammenarbeit viel besser, dass mein Chef ebenfalls eine Frau hat, die im hohen Prozentbereich arbeitet. Er weiß, was es heißt, die Kinder morgens in die Kita oder zur Schule zu bringen. Er hat nicht nur gespielt Verständnis dafür, dass Kinder auch mal krank sind und so die berufliche Agenda der Eltern auf den Kopf stellen.» Ihr Chef machte Anne-Kathrin nicht nur zu seiner Stellvertreterin. Er ließ sie auch jeweils selbst bestimmen, wie lange sie nach der Geburt zu Hause bleiben möchte und in welchem Pensum sie danach wieder an den Arbeitsplatz zurückkehren wollte. «Er war auch sehr offen und entgegenkommend bei der Festlegung und Ausgestaltung meiner Arbeitstage. Zusammen mit einem kurzen Arbeitsweg ist das für mich eine Grundvoraussetzung für eine gute Vereinbarkeit von Beruf und Familie.»

Was würde sie jungen Frauen raten, die ihren Beruf lieben und auch mit Kindern vorwärtskommen wollen? «Für mich ist es ganz zentral, rechtzeitig mit dem Partner darüber zu sprechen: Was für eine Familie wollen wir sein?» Man solle nicht einfach das traditionelle Modell als gegeben hinnehmen. Wenn sich jemand bewusst dafür entscheide, dass der Mann weiterhin Vollzeit arbeite und die Frau sich um die Kinderbetreuung kümmere, sei das auch in Ordnung. «Doch dieser Entscheid sollte aktiv gefällt werden.» Jede und jeder solle sich die Frage stellen, was sie oder ihn glücklich mache und wie das als Familie am besten funktionieren könnte. «Für akademisch ausgebildete und entsprechend gut bezahlte junge Erwachsene hat das Schweizer Modell mit dem kurzen Mutterschaftsurlaub auch einen Vorteil: Es zwingt einen, sich viel bewusster und genauer darüber Gedanken zu machen, wie man sich als Familie organisieren möchte und welches Erwerbsmodell dazu passt.»

Annalisa: Vorsicht vor der Teilzeit-Falle

Annalisa ist 31 Jahre alt, als sie zum ersten Mal Mutter wird. Ihr damaliger Arbeitgeber, eine Versicherung, bezahlte ihr einen 18-wöchigen Mutterschaftsurlaub. Danach war sie weiter im 100-Prozent-Pensum als Senior Marketing and Communications Manager tätig.

«In den ersten Monaten nach dem Mutterschaftsurlaub nutzte ich angesammelte Ferientage, um öfters mal an einem

Freitag frei zu nehmen und so etwas mehr Zeit mit der Familie zu haben», sagt die heute 37-Jährige. Auch die Zeit zwischen dem ersten und dem zweiten Kind blieb sie beim gleichen Arbeitgeber, suchte aber direkt nach dem zweiten Mutterschaftsurlaub eine neue Stelle. «Mein Arbeitsumfeld war damals sehr männerdominiert, das war ich mir von früheren Arbeitgebern anders gewohnt.»

In der neuen Führungsposition blieb sie nicht sehr lange, da im Unternehmen rigide Bürozeiten galten und es keine Möglichkeit zum Homeoffice gab. «Diese fixen Arbeitszeiten und fehlende Flexibilität wurden im Bewerbungsverfahren nicht thematisiert, und ich nahm fälschlicherweise an, dass dies heutzutage selbstverständlich ist. Mir fehlte im beruflichen Alltag die notwendige Flexibilität.» Durch den erneuten Wechsel kam Annalisa schließlich zu ihrem heutigen Arbeitgeber, einem großen Stellenvermittler. Als Leiterin Kommunikation hat die studierte Medien- und Kommunikationswissenschaftlerin erneut eine Führungsfunktion und nun neben flexiblen Arbeitszeiten auch die Möglichkeit, mehrere Tage in der Woche Homeoffice zu machen. «Theoretisch», fügt sie an, «denn aufgrund der vielen Meetings und Besprechungen schaffe ich es nur einmal pro Woche, mir die Agenda für einen Homeoffice-Tag einzurichten.»

Annalisas Mann arbeitet 60 Prozent, er betreut an zwei Tagen die Kinder. Einen Tag in der Woche decken die Großeltern ab, an zwei Tagen sind die Kleinen in der Kita. Wenn wichtige Termine mit den Kindern anstehen, legt Annalisa ihre Arbeitszeiten so, dass sie daran teilnehmen kann. «Das sage ich dann einfach im Büro; ich frage nicht.» Die Arbeitszeit, die sie dabei tagsüber verpasst, müsse sie dann halt abends nachholen.

Neben einer guten Organisation brauche es vor allem viel Transparenz zwischen Angestellten und Vorgesetzten. «Heute ist es mir ehrlich gesagt auch lieber, wenn bereits im Vorstellungsgespräch das Thema „Wie machen Sie das mit den Kindern?" kommt», sagt sie. «Auch wenn das eigentlich meine Privatsache ist, können so frühzeitig die gegenseitigen Erwartungshaltungen geklärt werden.» Der oder die Vorgesetzte sei ein sehr wichtiger Faktor, damit Karriere auch mit Kindern machbar sei. «Es ist sehr subjektiv, ob in einer gewissen Position ein 80-Prozent-Pensum möglich ist oder ob einfach gesagt wird, dass das nicht geht.» Annalisa würde sich wünschen, dass gerade in größeren Unternehmen die Führungskräfte dafür belohnt würden, auf eine angemessene Diversität zu achten. «Eine Incentivierung für Führungskräfte, die in ihren Teams eine gute Durchmischung bezüglich Familiensituation und Alter haben, würde sicher etwas bringen.»

Wann entstand eigentlich bei Annalisa der Plan, mit Kindern einem Vollzeit-Beruf nachzugehen? «Als Teenager und junge Erwachsene dachte ich noch, ich würde später als Mutter etwa 50 oder 60 Prozent arbeiten. Später dann, als ich bereits mit beiden Beinen im Berufsleben stand, hatte ich eine Vorgesetzte, die mit Kind Vollzeit arbeitete. Gleichzeitig habe ich gesehen, dass man für die wirklich spannenden Aufgaben mehr als nur die halbe Woche verfügbar sein muss.» Ihr wurde klar, dass sie mit einem Teilzeitpensum beruflich nicht vorwärtskommen würde. «Als ich zum ersten Mal schwanger war, hatte ich eine Arbeitskollegin, die gleichzeitig ein Kind erwartete. Sie hatte einen multikulturellen Hintergrund und sah es ebenfalls als normal an, dass Frauen auch mit Kindern einem Vollzeitjob nachgehen. Dies bestärkte mich darin, meine Vollzeit-mit-Kind-Pläne nicht weiter zu hinterfragen.»

Und was ist der Rat Annalisas an junge Frauen, die eine Familiengründung noch vor sich haben und die ihren Job lieben? «Schau falls irgendwie möglich, dass du nicht zu lange wartest, bis du Kinder planst. Und arbeite Vollzeit oder mindestens 80 Prozent weiter.» Warum? «Weil man in jungen Jahren Super-Jobchancen hat – und außerdem am meisten Energie.» Annalisa ist überzeugt: Wenn die Familienplanung zu sehr nach hinten geschoben wird, wenn man spät Kinder bekommt und dann zusätzlich ein paar Jahre Pause macht, kommt man nur noch schwer wieder rein ins Berufsleben, und meistens in tieferen Positionen. «Natürlich lässt sich der Zeitpunkt nicht immer planen – schließlich braucht es zwei Personen für die Familienplanung. Deshalb ist mein wichtigster Tipp: Suche einen Beruf, den du wirklich gerne machst und in dem du gut bist.»

Céline: Kurze Wege als Grundvoraussetzung

Céline ist 35 Jahre alt und arbeitet als Assistenzärztin in einem großen Spital. Als ihr Sohn vor vier Jahren auf die Welt kam, pausierte sie sechs Monate und stieg dann wieder Vollzeit im Beruf ein. Auch ihr Mann arbeitet 100 Prozent, der Sohn wird an fünf Tagen in der Woche in der Kita betreut.

«Hätte ich einen typischen Büroberuf, würde ich wahrscheinlich eher 80 oder 70 Prozent arbeiten», sagt Céline. Aber als Assistenzärztin sei ein Teilzeitpensum nur sehr eingeschränkt möglich und beruflich stark von Nachteil. «Ich möchte meine Assistenzarztzeit so schnell wie möglich absolvieren.»

Mangels Alternativen, die für sie infrage kommen, nimmt sie auch jetzt als Mutter die langen Arbeitstage im Arztberuf in Kauf: Céline bringt ihren Sohn um 7 Uhr in die Kita und beginnt um 7 Uhr 20 ihre Schicht im Spital. An den Tagen, an denen sie fürs Abholen in der Kita zuständig ist, beendet sie ihre Arbeit «bereits» um 18 Uhr – «dafür muss ich dann oft abends noch Papierkram erledigen». Von zu Hause aus hat Céline vollen Zugriff auf die notwendigen Systeme. Ein Mini-Anteil von Homeoffice ist auch im Arztberuf möglich.

Eine große Rolle für die Machbarkeit von Célines Familien- und Arbeitsmodell spielen die kurzen Wege: «Ich habe mich mit der Familiengründung bewusst für ein großes Spital als Arbeitgeber entschieden, weil ich so die unterschiedlichen Stationen meiner Assistenzarztzeit alle im gleichen Spital absolvieren kann.» Denn die Familie wohnt in der Nähe des Arbeitsortes der Mutter, von zu Hause zur Kita sind es zehn Minuten, von dort ins Spital nochmals fünf Minuten. «Längere Wege wären nicht machbar», sagt Céline. Denn durch die langen Arbeitstage als Ärztin reizt sie die Öffnungszeiten der Kita jetzt schon maximal aus.

Unter der Woche sind die Stunden, die Céline mit ihrem Sohn verbringt, sehr begrenzt. «Das reut mich natürlich schon. Aber ich nutze dafür die Zeit, die wir zusammen haben, sehr bewusst.» Den Haushalt macht sie abends, wenn ihr Sohn schon schläft. «Das ist aber nicht viel. Da wir tagsüber kaum zu Hause sind und zum Beispiel von den Mahlzeiten nur das Abendessen bei uns einnehmen, fällt auch kaum Hausarbeit an.» Ganz wichtig sind Céline ihre Kompensationswochen. Da sie im Spital auch jedes zweite Wochenende einen Tag Dienst hat, kann sie diese Überzeit alle paar Wochen einziehen und gewinnt so eine Woche Zeit für die Familie. «Das genießen wir extrem.»

«Die Arbeitsmodelle, die uns Ärzten geboten werden, sind nicht attraktiv», sagt Céline. «Aber es ist nun mal einfach so.» Sie hat sich arrangiert und organisiert. Auch wenn ihr Sohn mal krank ist, fehlt sie nicht am Arbeitsplatz. Sie habe genügend Familienmitglieder und finde eigentlich immer jemanden, der einspringen könne. Ganz wichtig: Sie habe die notwendige Energie, das Arbeitspensum zu schaffen und die Zeit mit der Familie zu genießen. «Ich bin nicht am Ende meiner Kräfte.»

Trotzdem hat Céline Pläne, dass sie nicht ewig im Vollzeitpensum arbeiten muss. «Mein Ziel ist irgendwann eine Führungsposition.» Denn in dieser Funktion ist es auch im Spital möglich, ein 60- oder 70-Prozent-Pensum zu bewältigen. «In einer Spezialklinik wäre das möglich.» Ihr Beruf ist ihr sehr wichtig. «Ich möchte am Morgen aufstehen und mich freuen, zur Arbeit zu gehen», sagt sie. Der berufliche Erfolg ist nur eine Komponente, wichtiger ist ihr Erfüllung im Beruf. Sie habe die sechs Monate Mutterschaftsurlaub zwar sehr genossen: «Es war Sommer, wir hatten eine wunderbare Zeit.» Aber zurück im Beruf habe sie sich dann extrem gefreut, wieder bei der Arbeit zu sein. Das realisiert man unmittelbar, wenn sie sagt: «Ich liebe meinen Beruf, arbeiten hilft mir für meine innere Balance.»

Christa: Homeoffice birgt auch Gefahren

Christa ist 48 Jahre alt, hat erst Chemie studiert und promovierte dann in Biotechnologie und Mikrobiologie. Die Wissenschaftlerin war als Laborleiterin in der Forschung tätig, als sie mit dem ersten Kind schwanger wurde.

«Ich war noch nicht sehr lange dabei damals und hatte ein furchtbar schlechtes Gewissen, dass ich so rasch schwanger wurde», erinnert sich Christa. Doch zu ihrer Überraschung war das gar kein großes Thema. «Durch den kurzen Mutterschaftsurlaub hier in der Schweiz war ich auch gar nicht lange weg vom Arbeitsplatz.» Christa kehrte mit einem 80-Prozent-Pensum zurück in ihren alten Job, betreute jeweils am Freitag ihre Tochter. Den Montag übernahm ihr Mann, der ebenfalls sein Pensum leicht reduzierte, und die restlichen drei Tage war das Kind in der Kita. «Ich weiß noch, dass manche Kollegen sagten, dass es nicht möglich sei, den Job des Laborleiters in 80 Prozent zu machen», sagt Christa. Zu dem Zeitpunkt waren alle Laborleiterinnen und -leiter zu 100 Prozent tätig. Ihre Vorgesetzten fanden jedoch von Anfang an: «Doch, das probieren wir.»

Zwei Jahre nach der Tochter kam Christas Sohn auf die Welt, das Setting mit Arbeitspensen und familienexterner Betreuung blieb gleich. Christa war zu dieser Zeit beruflich regelmäßig auf Reisen. Mal war sie ein oder zwei Tage weg, andere Male eine ganze Woche. «Wir konnten das meist ganz gut organisieren», sagt sie. Entweder konnte ihr Mann ihre Betreuungszeit übernehmen, oder – wenn es eine ganze Woche war – die Großeltern reisten an.

«Ich wurde auf den Geschäftsreisen immer wieder gefragt, wer denn jetzt zu meinen Kindern schaue», erinnert sich Christa. Mit der Zeit habe sie den männlichen Kollegen nur noch mit einer Gegenfrage geantwortet: «Wer schaut denn jetzt zu deinen?»

Als ihr Sohn in den Kindergarten kam, wechselte Christa vom freien Freitag auf zwei freie Nachmittage, ihr Mann übernahm ebenfalls einen Nachmittag die Betreuung. «Ich merkte allerdings rasch, dass es bei zwei halben Kinder-Tagen deutlich schwieriger war, die Arbeitszeit einzuhalten und nicht auch an diesen Halbtagen doch noch etwas für den Job zu machen.» Daher passte Christa ihr Pensum nach einer Weile auf 90 Prozent an. Seit die Tochter und der Sohn in der Schule sind, besuchen sie den Mittagstisch und kommen an drei Nachmittagen anschließend nach Hause.

Heute ist Christa Head of Operations in einer Forschungsabteilung eines großen Pharma-Unternehmens und ist in ihrer Funktion für die Organisation einer Forschungsabteilung mit mehr als 100 Mitarbeitern verantwortlich, insbesondere für Personal- und Finanzplanung. Dieses Mandat leistet sie zusammen mit drei ihr direkt unterstellten Mitarbeitenden. Als sie vor 2,5 Jahren diese Stelle zu 100 Prozent antrat, hatte sie erst den Plan, nach der Einarbeitung das Pensum wieder zu reduzieren. «Da ich mit dem Arbeitgeberwechsel jedoch einen deutlich kürzeren Arbeitsweg hatte, stellte ich rasch fest, dass unser Familienalltag mit den inzwischen schon etwas älteren Kindern gut mit meinem 100-Prozent-Pensum zu vereinbaren war.»

Grundsätzlich besteht bei Christas Arbeitgeber die Möglichkeit, im Homeoffice zu arbeiten. «Ich nutze das jedoch nur sporadisch; wenn mal ein Handwerker-Termin ansteht oder ich ohne Unterbrechung an einem Dokument arbeiten möchte», sagt sie. Sie möge die räumliche Trennung zwischen Büro und Zuhause sehr. «Wobei mir das Abschalten abends durch die Kinder, die uns dann brauchen und fordern, ohnehin deutlich besser geht als noch als Kinderlose.»

Bei den Arbeitszeiten ist Christa sehr flexibel, sie sprechen sich einfach im Team ab, damit nicht alle gleichzeitig außer Haus sind.

Warum hat Christa ihr Pensum nie auf unter 80 Prozent reduziert? «Mein Job hat mir im Großen und Ganzen immer Spaß gemacht. Und mir war klar, dass ich das mit einem Teilzeitpensum nicht würde machen können.» Für sie ganz zentral in der Arbeit: «Ich habe gerne das Gefühl, dass ich mit dem, was ich gut und gerne kann, einen Beitrag leisten kann und meine Stärken dafür einsetze, das Team voranzubringen.» Auch wenn ihr der Beruf sehr wichtig ist, versucht sie doch darauf zu achten, dass es mit der Flexibilität «nicht überbordet». Die Versuchung der dauernden Verfügbarkeit sei ein großer Nachteil des Homeoffice.

Was würde Christa jungen Frauen raten, die ihren Job über alles lieben und Kinder haben möchten? «Macht einfach!» Und nicht zu viel drüber nachdenken, dass es im eigenen Berufsfeld nicht möglich sei, Kinder und Karriere unter einen Hut zu bekommen. «Oft geht es nämlich doch», ist sie überzeugt. Wichtig sei aber die gemeinsame Auseinandersetzung mit dem Thema «Wie machen wir das mit Jobs und Kindern?» mit dem eigenen Partner. «Wenn wir nicht gemeinsam an einem Strang gezogen hätten, wäre das nicht gegangen», sagt sie heute. Nicht nur die Betreuungssituation, auch die Hausarbeit müsse vernünftig aufgeteilt werden.

«Ich wäre nicht zufrieden gewesen, wenn ich nur zu Hause gewesen wäre», sagt Christa rückblickend. Sie habe es nie als problematisch wahrgenommen, mit zwei Kindern zu arbeiten. «Für mich war das immer der Normalzustand.»

Corinne: Finanzielle Last gut verteilt

Die 38-jährige Corinne ist Head of Marketing einer Einheit in einem internationalen Medizinaltechnik-Unternehmen. Sie hat einen Master in Corporate Communication Sciences and Economics und ist inzwischen seit über zehn Jahren beim gleichen Arbeitgeber tätig.

«Ich bin voller Leidenschaft für meinen Job», sagt sie. Ihr sei es ganz wichtig, dass ihr der Beruf Freude bereite. Nach einigen Jahren wurde sie intern angefragt, ob sie nicht die Führung eines Teams übernehmen möchte. Sie stellte sich selbst die Frage: «Was mache ich, wenn ich in ein paar Jahren Kinder habe?» Ihr Vater habe sie dann darauf hingewiesen, dass sie sich nicht schon im Voraus solche Gedanken machen solle. «Das hat mir die Augen geöffnet», sagt sie heute. «Inzwischen ist mir klar, dass es von Vorteil für meine Karriere war, dass ich schon vor den Kindern in eine Führungsposition kam.»

Da Corinnes Arbeitgeber eine stark international ausgerichtete Firma ist, kamen ihre Vorgesetzten meist aus anderen Kulturkreisen. Das hatte Auswirkungen darauf, wie sie die Zeit nach der Geburt ihrer Kinder gestaltete: «Ich hatte jeweils sechzehn Wochen bezahlten Mutterschaftsurlaub und kehrte dann mit einem 80-Prozent-Pensum zurück an den Arbeitsplatz.» Ihre Führungsfunktion erstreckte sich über ein internationales Team, darunter mehrere Amerikanerinnen. «Bei ihnen war es normal, dass man neun oder spätestens zwölf Wochen nach der Geburt wieder zurück am Arbeitsplatz war.» Und da auch der direkte Vorgesetzte damals ein Amerikaner war, hätte Corinne eher nicht mit Verständnis rechnen können, wenn sie einen sechsmonatigen Mutterschaftsurlaub geplant hätte. Doch nicht nur das Arbeitsumfeld spielte eine Rolle, auch eigene Befindlichkeiten: «Ich hatte einige wichtige Projekte am Laufen, die ich gerne selbst begleiten wollte.» Zudem ahnte sie schon im Voraus, dass die Rolle der Vollzeit-Mutter sie nicht erfüllen würde.

Nach dem zweiten Mutterschaftsurlaub wechselte Corinne firmenintern die Stelle. Heute führt sie sieben Leute. Grundsätzlich wäre es möglich, regelmäßig im Homeoffice zu arbeiten; einige im Team arbeiten zwei Tage von zu Hause aus. «Ich selbst arbeite aber sehr gerne im Büro, und weil meine Agenda zu einem großen Teil durch Termine bestimmt ist, nutze ich die Möglichkeit zum Homeoffice eigentlich vor allem dann, wenn es sich aufgrund einer Terminkonstellation anbietet.»

Corinnes Mann arbeitet ebenfalls 80 Prozent. Die Kinder können so an zwei Wochentagen von den Eltern betreut werden, die anderen drei sind sie in der Kita. «Für mich war schon immer klar, dass ich auch mit Kindern im hohen Prozentbereich arbeiten würde», sagt Corinne. «Ich mache meinen Job einfach unglaublich gerne.» Die Frage sei lediglich gewesen, wie man den Alltag organisieren würde. «Mir war klar, dass ich einen Partner brauche, der mich unterstützt und der unsere Entscheidung mitträgt.» Für ihren Mann sei das egalitäre Modell, in dem beide arbeiten und beide die Kinder betreuen, genauso eine Selbstverständlichkeit gewesen.

Seit sie Mutter ist, sei sie sogar speditiver geworden. «Ich war schon immer ein Machertyp. Ich möchte Dinge erledigen und etwas bewegen.» Zeit sei ein wichtiges Thema in ihrem Leben. «Da ich schon immer sehr aktiv war, hatte ich bereits vor den Kindern manchmal zu wenig davon für all die Dinge, die ich gerne machen wollte», sagt sie. Heute nutzt sie ihre Zeit sehr bewusst: Zu Hause sei es ihr wichtiger, den freien Mittwoch mit ihren Kindern zu verbringen, als in der Küche einen aufwendigen Geburtstagskuchen zu zaubern oder die Wohnung blitzblank zu putzen. «Ruthless prioritization» sei das Stichwort. Auch im Arbeitsleben. Sie arbeitet an zwei Standorten der Firma, und den Weg zur Arbeit legt sie bewusst im Zug zurück, damit sie die Zeit zum Beantworten ihrer Mails nutzen kann. «Es ist wichtig, dass ich technisch die Möglichkeit habe, mobil über einen Hotspot zu arbeiten.» Sie brauche eine gewisse Flexibilität; bietet diese im Gegenzug aber auch selbst: «Wenn wichtige Termine am Mittwoch, meinem freien Tag anstehen, dann tauschen mein Mann und ich auch mal die Betreuungstage oder ich organisiere die Kinderbetreuung anderweitig.» Viele ihrer Stakeholder würden nicht realisieren, dass sie in einem reduzierten Pensum arbeite. «Ich bin erreichbar und, wenn es darauf ankommt, eigentlich immer verfügbar.» Ihren freien Tag kann sie dennoch fast immer vollständig ohne Arbeit den Kindern widmen.

Welche Rolle spielt der Vorgesetzte, wenn man als Frau trotz Kindern karrieretechnisch am Ball bleiben will? «Ich hatte schon sehr viele verschiedene Vorgesetzte. Für mich ist es zentral, dass es auf der menschlichen Ebene funktioniert. Auch wenn im Büro die Kinder für mich eigentlich keine Rolle spielen, so möchte ich doch einen Chef, dem klar ist, dass die Familie im Zweifelsfall vorgeht.»

Innerhalb der Familie ist Corinne wichtig, dass sie und ihr Mann den Kindern vorleben, dass Mann und Frau gerne arbeiten und sich die Verantwortung für die Familie teilen. Als Paar könnten sie viele Situationen entspannter angehen als manch andere Familien, in denen der Mann alleine für das Einkommen zuständig sei. «Wenn es sein muss, kann auch ich die Familie gut alleine finanzieren.»

Esther: Großer Karriereschritt im Mutterschaftsurlaub

Esther ist kantonale Kulturbeauftragte und Vorgesetzte von sechs Mitarbeiterinnen. Ihr beruflicher Weg führte sie über die Gastronomie erst zur Schnittstelle Gastro/Kultur und schließlich in den kulturpolitischen Bereich.

«Ich mache meine Arbeit mit sehr viel Leidenschaft», sagt sie. Als sie schwanger wurde, war sie als Selbstständige tätig und hatte mehrere Mandate. «Da auch mein Mann selbstständig war, stand für uns bald fest, dass einer von uns eine Festanstellung braucht.» Also suchten beide nach geeigneten Jobs, und als ihr Sohn drei Monate alt war, reichte Esther ihre Bewerbung für ihre heutige Stelle ein. «Es war eine Vollzeitstelle, und so übernahm mein Mann zu Hause die Betreuung.» Esther arbeitet nun seit vier Jahren 100 Prozent und macht praktisch nie Homeoffice. Ihr Büro befindet sich in Gehdistanz von ihrem Zuhause. Die digitalen Errungenschaften nutzt sie trotzdem, denn in ihrem Job ist sie viel unterwegs. «Auch wenn ich außer Haus an längeren Sitzungen teilnehme, kann ich so auf Mailanfragen reagieren.»

Esthers Karriere hat mitten im Mutterschaftsurlaub großen Schub erhalten. Ihr Erfolgsrezept? Sie habe für sich ein Thema gefunden, an dem sie arbeiten möchte. «Wenn du gut bist, dich engagierst und Verantwortung übernimmst, kommst du beruflich vorwärts.»

Hatte sie je das Gefühl, dass sie beruflich Nachteile habe, weil sie eine Frau ist? «Das ist eine schwierige Frage ... Ich muss sicher mehr leisten», sagt Esther. «Ich werde regelmäßig unterschätzt – das hat aber auch seine Vorteile.» Bei machtorientierten Männern oder älteren Frauen müsse sie oft erst einmal Struktur und Verantwortlichkeiten klären; dann erst könne man zusammen arbeiten.

Was ist ihr Rat an junge Frauen, die beruflich auch mit Kindern etwas erreichen möchten? «Einfach machen», sagt Esther. «Die Partnerin oder der Partner sind das Wichtigste. Nur wenn auch auf der anderen Seite das Commitment für die Familie da ist, ist es zu schaffen.» Für sie sei in der Elternschaft der Schlüssel, dass es nicht in erster Linie um die eigenen Befindlichkeiten gehe, sondern um das Kind. Selbstbestimmung und Unabhängigkeit sind Esther aber wichtig: «Im Beruf mache ich alles, was ich mache, so wie ich mir das vorstelle.» Dass sie im familiären Kontext nicht mehr so selbstbestimmt und unabhängig sei, störe sie jedoch nicht. «Ich finde das sogar schön.» Während sie früher nach dem Lustprinzip Veranstaltungen besucht habe, gehe sie nun in der Auswahl ihrer Abendtermine sehr strategisch vor. «Ich habe Regeln aufgestellt für mich und meine Familie – damit es funktionieren kann.»

Esthers Arbeitszeiten sind einerseits sehr traditionell. «Wir sind ein Verwaltungsbetrieb, da wird erwartet, dass man während der Bürozeiten erreichbar ist.» Auf der anderen Seite stehen die Anspruchsgruppen, mit denen sie als Kulturbeauftragte zu tun hat: «Die sind alle abends unterwegs.» Das ist der größte Knackpunkt an ihrer Doppelrolle Kulturbeauftragte/Mutter. «Denn die abendliche Präsenz in den verschiedenen Institutionen ist wichtig für meine Arbeit, aber belastend für meine Familie, und sie ist nicht bezahlt.»

Während es in unserer Gesellschaft völlig normal sei, dass eine Mutter nur 40 Prozent arbeite, stoße das Paar noch immer auf Unverständnis, dass bei ihnen der Mann die Hauptrolle in der Betreuung einnehme und entsprechend beruflich zurückstecke. «Ich finde es schwierig, dass die gesellschaftlichen Rahmenbedingungen ihn als Vater in eine Rolle zwingen wollen, die er gar nicht will.»

Flora: Traumjob dank passendem Arbeitgeber

Die 37-Jährige Flora ist Verkaufsleiterin für die Schweizer Niederlassung eines skandinavischen Pharmaunternehmens. Sie arbeitet in einem 80-Prozent-Pensum und hat Führungsverantwortung für drei Außendienstmitarbeitende.

«Das Arbeiten an sich stellte ich nie infrage. Ich arbeite einfach unglaublich gerne.» Flora ist beruflich sehr viel unterwegs. Einerseits nimmt sie Kundentermine in allen Teilen des Landes wahr und muss zudem regelmäßig ihre Kollegen in Deutschland und am Hauptsitz in Skandinavien für Meetings treffen. Büroarbeit kann sie oft von zu Hause aus erledigen. Am freien Montag- und Dienstagnachmittag hat sie Zeit für die Kinder. «Wenn ich nicht auf Geschäftsreise bin, dann kümmere ich mich auch um die Morgen- und Abendstunden mit ihnen», sagt sie. Wenn sie weg ist, wird die Arbeitsagenda ihres Mannes entsprechend geblockt, und er übernimmt die Randzeiten. Da er selbst 100 Prozent arbeitet, sind ihre zwei Kinder tagsüber in der Kita. «Er unternimmt in seinem Job zum Glück keine Geschäftsreisen», meint sie lakonisch.

Flora sagt, sie habe ihren Traumjob gefunden; seit einem Jahr ist sie nun in dieser Funktion. Der Weg dorthin führte für die studierte Biologin über mehrere Stationen: Als sie zum ersten Mal schwanger wurde, war sie 50 Prozent bei einem Pharmaunternehmen tätig. Die anderen 50 Prozent nutzte sie, um ihre Dissertation voranzutreiben. «Als dann klar war, dass unser erstes Kind unterwegs war, stand für mich fest, dass Job, Kind und Dissertation zur gleichen Zeit einfach zu viel sind.» So brach sie die Doktorarbeit ab, behielt aber ihren 50-Prozent-Job. Ein halbes Jahr nach der Geburt wurde das Produkt, für das sie zuständig war, aus dem Verkauf genommen und Flora wurde vor die Wahl gestellt, entweder auf 80 Prozent aufzustocken, um ein anderes Produkt zu übernehmen, oder keinen Job mehr zu haben. «Da ich einen Arbeitsweg von 1,5 Stunden hatte, sagte ich mir: Dann suche ich lieber einen 100-Prozent-Job hier bei uns in der Nähe.»

Rasch fand sie eine Anstellung zu 60 Prozent an ihrem Wohnort und erweiterte auf 80 Prozent, als ihr Kind ein Jahr alt war. «Zwischen mir und dem Arbeitgeber hat es aber nie so richtig gepasst», sagt Flora, und so hatte sie ihre Kündigung bereits eingereicht, als sie erfuhr, dass sie mit dem zweiten Kind schwanger war. Flora suchte beruflich eine neue Perspektive und ließ sich nach der zweiten Geburt zur Gymnasiallehrerin im Fach Biologie ausbilden. Gleichzeitig begann sie, bereits 50 Prozent bei ihrem heutigen Arbeitgeber zu arbeiten. Sie schloss die Ausbildung ab und erhöhte ihr Arbeitspensum um weitere 10 Prozent. Als ihr vor einem Jahr die neue Stelle mit Führungsverantwortung angeboten wurde, stockte sie erneut auf die heutigen 80 Prozent auf.

Einzig die vielen Geschäftsreisen seien wirklich nicht familienfreundlich. «Ich bin über Nacht weg.» Da ihre Kinder tagsüber in der Kita sind, falle der größte Teil der Familienarbeit auf die Abend- und Morgenstunden. «Und die Nächte mit kleinen Kindern können auch sehr intensiv sein.»

«Auch wenn wir vieles ortsunabhängig erledigen können und Telefonkonferenzen bei uns ganz normal sind, so wünschte ich mir doch eine technische Möglichkeit, dass ich meinen internationalen Kollegen begegnen kann, ohne zu reisen.» Es sei einfach etwas anderes, wenn man sich persönlich sehen könne und sein Gegenüber direkt wahrnehmen könne. «Die heutigen Möglichkeiten zur Videotelefonie haben für mich schlicht zu viele Hänger und Unterbrechungen.» Abgesehen davon sei sie aber extrem froh, dass es heute kein Problem mehr sei, außerhalb des Büros zu arbeiten. Der Handy-Hotspot stelle die Verbindung von ihrem Laptop im Zugabteil ins Büro her. «Ich fahre bewusst mit dem Zug zu den vielen Kundenterminen in der Schweiz», sagt Flora. «So kann ich die Reisezeit ideal zum Arbeiten nutzen.»

In der Zeit, als es mit dem Arbeitgeber nicht richtig passte, war für Flora immer klar gewesen, dass es nur dieser Job war, der sie nicht glücklich machte. Zudem sei sie nicht unbedingt die Person, die gerne stundenlang bastle und mit Klötzchen spiele. «Ich bin wirklich jemand, der gerne in Ruhe nachdenkt», sagt sie. Sie brauche die Arbeit. Sie könne sich nicht vorstellen, aufzuhören zu arbeiten. «Das Arbeitsleben zieht sich in meinem Fall ja noch etwa dreißig Jahre hin.» Zumindest einen Fuß drin zu behalten, empfiehlt sie den Frauen dann, wenn sie Kinder bekommen. Bei ihr sei es jedoch weit mehr als das gewesen: «Es hat mir einfach den Ärmel reingenommen.»

Gabriela: In mehreren Etappen zum richtigen Setting

Gabriela leitete ein Ressort in einem weltweit tätigen Unternehmen, als sie ihr erstes Kind bekam. Für sie stand schon im Vorfeld fest, dass sie auch als Mutter weiter ihren Beruf ausüben würde.

«Ich habe keinen Chef, der kontrolliert, wann und wo ich arbeite. Das liegt in meiner Verantwortung.» Gabriela liebt ihren Job und hat unglaubliche Freude an dem, was sie macht. Sie wollte nach dem sechsmonatigen Mutterschaftsurlaub mit einem 60-Prozent-Pensum an den Arbeitsplatz zurückkommen. «Doch meine Vorgesetzten waren dazu nicht bereit. Sie konnten sich nicht vorstellen, dass diese Funktion auch in Teilzeit und im Job Sharing mit meiner damaligen Stellvertreterin machbar war.» So suchte sich Gabriela eine neue Stelle und arbeitete in einem 60-Prozent-Pensum als Beratungsgruppenleiterin in einer Werbeagentur, bis sie ihr zweites Kind bekam. Erneut fand sie nach Ende der sechsmonatigen Babypause eine weitere Stelle, die sie bis jetzt innehat. «Da ich nun als Head Content Marketing and Social Media wieder mehr Führungsverantwortung habe, merkte ich rasch, dass das mit meinen 60 Prozent nicht machbar ist», sagt die heute 47-Jährige. Sie erhöhte ihr Pensum auf 80 Prozent.

Die Kinder waren am Anfang drei Tage pro Woche in der Kita betreut. Die «Abenddienste» – also wer von den Eltern um 18 Uhr zu Hause sein muss – leisten die Eltern abwechselnd. Inzwischen sind die Kinder im Schulalter und zusätzlich zum Unterricht an den Vormittagen zweimal die Woche in der Tagesschule. Zwei Mittagessen inklusive Nachmittage kann Gabriela übernehmen, da sie ihre 20 Prozent Pensumsreduktion auf zwei Tage verteilt hat. An diesen arbeitet sie wenn immer möglich im Homeoffice. An einem weiteren Wochentag übernimmt eine Mutter in der Nachbarschaft den Mittagstisch – im Gegenzug hat Gabriela an «ihren» Mittagen die Nachbarskinder bei sich. Am letzten Nachmittag, an dem die Kinder weder in der Tagesschule noch von der Mutter betreut sind, ist eine Studentin bei ihnen zu Hause. «Seit die Kinder älter sind, wollen sie lieber flexibel sein und auch spontan mit Freunden abmachen können. Das ging in der Tagesschule nicht.»

Flexibilität ist nicht nur Gabrielas Kindern wichtig. Sie ist auch für sie selbst in ihrem Job zentral. «Ich habe einen Kader-Vertrag und daher Vertrauensarbeitszeit.» Sie kann sich auch mal die Freiheit herausnehmen und an einem Montagmorgen frei machen, wenn zu Hause etwas ansteht – ohne dafür einen Ferientag einziehen zu müssen. Zu wenig arbeite sie auf keinen Fall. «Ich glaube, das geht allen in solchen Positionen so.» Gabriela hat die Verantwortung für ein 30-köpfiges Team, und oft ist sie auch an einem ihrer eigentlich freien Nachmittage für die Firma im Einsatz. «Ich sehe es einfach als meine eigene Verantwortung, dass das Verhältnis von eigentlicher Arbeitszeit und Überzeit für mich in Ordnung ist.»

Dass das Büro heute durch Smartphone und Laptop jederzeit auch zu Hause seinen Platz einnimmt, hat für Gabriela Vor- und Nachteile. «Grundsätzlich finde ich das großartig», sagt sie. «Bei uns im Team skypen wir sehr viel, wir können gemeinsam an einem Dokument arbeiten und eigentlich spielt es weder eine Rolle wo, noch wann ich arbeite.»

Dass am Telefon als Erstes gefragt werde: «Wo arbeitest du heute?», zeige deutlich, dass bei ihrem Arbeitgeber, einem Telekommunikationsunternehmen, flexible Arbeitsformen nicht nur pro forma gefördert würden. Eine gewisse Präsenz im Büro brauche es hingegen: «Für mein Team und für mich selbst ist es wichtig, dass wir uns auch persönlich sprechen können und dass wir an manchen Tagen gemeinsam im Büro sind, das ist sehr wertstiftend.» Gabriela sucht mit dem Team zusammen gerne neue Wege. «Ich bin nicht die, die alleine über irgendwelchen Konzepten brütet.» Die Zusammenarbeit mit den Menschen und die ständig neuen Herausforderungen würden für sie das Berufsleben so attraktiv machen. Und wie ist das mit der Doppelbelastung? Schmälert dies das positive Erlebnis? «Nein, oder zumindest meist nicht. Für mich ist es bis heute eine große Bereicherung, dass ich mit meinem Beruf und meinen familiären Aufgaben einen gegenseitigen Ausgleich habe. Klar gibt es aber auch die Tage, an denen mir alles etwas zu viel wird. Dann brauche ich wieder einmal einfach etwas Zeit für mich selbst oder Zeit mit meinem Partner.»

Welches sind die typischen Rollenkonflikte, die Gabriela als Arbeitnehmerin und als Mutter mit sich aushandeln muss? «Zum einen ist da sicher das latent schlechte Gewissen», sagt sie. Wenn sie mal wieder abends nicht rechtzeitig zu Hause ist, um die Kinder ins Bett zu bringen. Und wenn die Kinder manchmal auch fragen, weshalb sie nie mit den anderen Müttern auf dem Pausenplatz zusammensitze. Oder wenn sie sich aus dem Büro verabschieden muss, während die anderen noch an der Arbeit sitzen oder noch etwas trinken gehen. «Aber je mehr auch Männer familiäre Pflichten übernehmen, desto normaler wird es, dass wir an gewissen Tagen frühzeitig von der Arbeit weg müssen. Das finde ich eine äußerst positive Entwicklung.» Ein anderer Nachteil sei die

Tatsache, dass ihr neben Familie und Job kaum Zeit für Networking, Weiterbildungen oder auch Freundschaften bleibe. «Das hat momentan schlicht keinen Platz in meinem Alltag.»

Was würde sie jungen Frauen raten, die ihren Job lieben und auch als Mütter ihre Karriere weiterverfolgen möchten? «Ich sehe es als Vorteil, dass ich schon in einer leitenden Position war, als ich zum ersten Mal Mutter wurde.» Sie ist der Meinung, dass es viel schwieriger sei, eine Karriere zu starten, wenn die Kinder bereits da sind. «Obwohl ich in letzter Zeit zwei Beispiele bei uns im Unternehmen erleben konnte, in denen Frauen nach der Geburt der Kinder befördert wurden.» Was klar sei: Ohne großen Effort sei Karriere nicht machbar, und eine solide Beziehung, in der Konflikte zusammen gelöst werden, sei auch unabdingbar. «Die Frauen sollen ihre Ziele verfolgen und daran glauben, dass sie es schaffen. Auch dann, wenn das Umfeld mit Unverständnis reagiert. Manchmal führt aber auch nicht der direkte Weg ans Ziel, und nicht immer ist alles zugleich möglich.»

Jacqueline: Pendeln zwischen Vollzeitjob und Vollzeit-Hausfrau

Jacqueline ist 33 Jahre alt und Assistenzärztin in einem großen Spital. Schon während ihres Studiums beschäftigte sie sich mit der Frage, wie sie später einmal die Ärztelaufbahn mit dem Familienleben verbinden könnte.

«Für mich stand schon früh fest, dass ich Kinder haben und damit nicht bis vierzig warten möchte.» Noch als Praktikantin lernte sie Ärztinnen kennen, die Kinder hatten und in einem 50-Prozent-Pensum arbeiteten. Es ist das Modell, das

Jacqueline auch für sich wählte, nachdem ihr Sohn geboren wurde. Sie hatte einen befristeten Vertrag, als sie schwanger wurde, und war nach der Geburt «erst einmal» zu Hause.

Nach Ende des gesetzlichen Mutterschaftsurlaubes suchte Jacqueline gezielt nach einer Teilzeitstelle. «Ich schrieb alle größeren Spitäler im Umkreis von 30 bis 60 Minuten Pendlerweg an.» Von vielen kam direkt eine Absage – mit der Begründung, dass ein Teilzeitpensum bei ihnen nicht möglich sei. «Ich finde das in der heutigen Zeit etwas enttäuschend.» Andere Spitäler hätten sich theoretisch darauf eingelassen. «Aber nur, wenn ich mich zusammen mit einer anderen Ärztin auf eine volle Stelle beworben hätte.» Bei ihrem heutigen Arbeitgeber kannte man Jacquelines Wunschmodell bereits, und so konnte sie «überraschend schnell» wieder einsteigen. «Ich hatte in den sechs Monaten Mutterschaftsurlaub deutlich gemerkt, wie wichtig mir der geistige Ausgleich durch die Arbeit ist.»

Der Wiedereinstieg war trotzdem «heftig». Denn eine Anstellungsbedingung war, dass Jacqueline zuerst für zwei Monate im 100-Prozent-Pensum vor Ort sein musste, um sich einzuarbeiten. Erst danach konnte sich die kleine Familie auf ihren neuen Alltag einstellen.

Da klassische Halbtagsjobs für Ärzte in Schweizer Spitälern nicht möglich sind, arbeitet Jacqueline abwechselnd eine Woche 100 Prozent und dann eine Woche gar nicht. Während ihrer Arbeitswoche ist ihr Sohn an drei Tagen in der Kita und wird an zwei Tagen vom Vater betreut. Jacquelines Mann arbeitet 80 Prozent. In ihren freien Wochen leistet er ein 100-Prozent-Pensum, sodass es reicht, wenn er in den «Spital-Wochen» seiner Frau nur an den drei Kita-Tagen arbeitet. Zudem ist der Vater dann auch alleine fürs Holen und Bringen verantwortlich, kümmert sich um den ganzen Haushalt und deckt allfällige Wochenenddienste von Jacqueline ab. Denn ein- bis zweimal pro Monat ist sie auch am Wochenende beruflich im Einsatz. «So komme ich mit der 50-Stunden-Woche und den zusätzlichen Diensten trotz 50-Prozent-Vertrag auf ein Wochenpensum, das in einem anderen Job 60 bis 70 Prozent entspricht.»

Jacquelines Modell hat auch für ihren Arbeitgeber einen Vorteil: «In meinen Arbeitswochen ist mein Mann für die Notfall-Betreuung zuständig, falls unser Sohn krank sein sollte und nicht in die Kita gehen könnte.» Der Nachteil an diesem Modell: «Die Kitas sind nicht darauf ausgelegt, dass ein Kind nur jede zweite Woche in der Betreuung ist.» In einer staatlichen Kindertagesstätte hätte sie daher keinen Platz gefunden. Und auch für Tagesmütter ist diese Form wenig attraktiv. Jacqueline konnte sich nach langer Suche mit einer privaten Kita darauf einigen, dass sie ihren Sohn eine Woche drei Tage bringt und die folgende Woche gar nicht. «Dafür berechnen sie mir ein 40-Prozent-Pensum.» Auch wenn das Kind über den Monat gerechnet nur 30 Prozent dort ist.

Dass sich ihre Zeit als Assistenzärztin durch das 50-Prozent-Pensum verdoppelt, nimmt sie gerne in Kauf, wenn sie dafür ihren Beruf ausüben und trotzdem ihren Ansprüchen an das Familienleben gerecht werden kann.

Was würde Jacqueline jungen Medizinerinnen raten, die ihren Job über alles lieben und Kinder haben möchten? «Wenn du einen Kinderwunsch hast, schieb das nicht bis irgendwann später hinaus.» Es gebe immer eine Lösung, um Familie und Beruf unter einen Hut zu bekommen. «Lass dich nicht davon abbringen, wenn andere sagen, dass das in deinem Beruf nicht möglich ist.»

Julia: Gute Vereinbarkeit dank origineller Arbeitszeiten

Julia hat einen Master in Sprachen und Psychologie absolviert – und sie hat vier Kinder. Die 39-Jährige arbeitet fünf Tage in der Woche als Bildungsverantwortliche für einen Schweizer Berufsverband. Sie ist für diese Aufgabe jedoch nicht 42 Stunden pro Woche im Einsatz. Sie hat sich die fünf Arbeitstage so über die Woche verteilt, dass sie auf ein Pensum von 70 Prozent kommt.

«Ich möchte meinen Kindern vorleben, dass beide Eltern arbeiten können, wenn sie das wollen.» Entsprechend «originell» sind ihre Arbeitszeiten: «An drei Tagen arbeite ich vom Morgen bis nach dem Mittag durch. An zwei Tagen beginne ich erst um 10 Uhr und bin dafür bis 17 Uhr 30 im Büro.» Ein ausgeklügeltes System – sowohl zu Hause als auch bei der Arbeit. Immer am Dienstagnachmittag übernimmt der Vater die Betreuung. «Mein Mann arbeitet 90 Prozent», sagt Julia. Die größeren zwei Kinder sind bereits im Schulsystem und somit an den Vormittagen aus dem Haus. Das Drittgeborene besucht zweimal die Woche vormittags eine Spielgruppe und wird davor und danach vom Au-Pair-Mädchen betreut, das sich auch um den Jüngsten kümmert. Einen Tag pro Woche sind alle Kinder (die Großen einfach nach der Schule und dem Kindergarten) bei einer Tagesmutter. «Wenn mein Chef mich mal den ganzen Tag braucht, kann ich das meist gut organisieren», sagt Julia.

Julia war vor der Geburt der ersten Tochter acht Jahre als Schulleiterin in einer Führungsfunktion tätig und reduzierte nach dem Mutterschaftsurlaub ihr Pensum auf 60 Prozent. Später erhöhte sie es wieder auf 70 Prozent, «weil ich praktisch 70 Prozent gearbeitet habe zu einem 60-Prozent-Lohn». Nach dem nächsten Mutterschaftsurlaub suchte sich

Julia eine neue Teilzeitstelle. Was sie danach antrat, stellte sich aber relativ rasch als nicht sehr attraktiv heraus: «Zum einen war ich unterfordert, zum anderen musste ich die 70 Prozent fix in 3,5 Tagen arbeiten», sagt sie. «Diese drei vollen Tage waren für mich und für meine Kinder schlicht zu lang.» Sie habe diese Tage als sehr undankbar empfunden. «Morgens musste ich früh aus dem Haus und die Kinder fast schon hetzen. Und abends war die Stimmung bei den Kindern oft ziemlich gereizt, weil sie alle müde waren.» Julia kündigte schließlich den Job und fand die Stelle, für die sie heute noch arbeitet.

Warum stand für sie nicht zur Diskussion, den Beruf ganz an den Nagel zu hängen? «Weil ich grundsätzlich sehr gerne arbeite.» Sie sei der Meinung, dass sie viel ausgeglichener sei, wenn sie beides machen könne. Ihr sei es persönlich wichtig, dass ihr der Job Freude bereite und dass sie etwas Sinnvolles machen könne. «Deshalb arbeite ich in der Bildung.»

Trotz der Freude, der Erfüllung und Ausgeglichenheit, die ihr die Kombination von Beruf und Familie bringe, habe sie zwischendurch ein schlechtes Gewissen. «Der Tag ist oftmals nicht lang genug.»

Im Job habe sie sich inzwischen sehr gut organisiert, sagt Julia. Aber zu Hause komme es manchmal vor, dass die Kinder sie etwas mehr brauchen würden. «Und dem kann ich in dem Moment leider nicht gerecht werden.» Ein schlechtes Gewissen habe sie manchmal auch gegenüber den Eltern von Freunden ihrer Kinder. «Wenn sie einspringen, wenn es zum Beispiel darum geht, die Kinder irgendwohin mitzunehmen.» Dieses Netzwerk sei aber sehr hilfreich, um mehr Flexibilität zu erhalten.

Im beruflichen Kontext kann Homeoffice mehr Flexibilität bringen. «Technisch wäre das bei mir möglich, ich habe im Hinblick auf den Schuleintritt meiner Ältesten mit meinem Chef auch schon darüber gesprochen.» Doch bis jetzt lasse sich die Arbeit vor Ort im Büro wirklich gut mit ihrem Familienalltag verbinden. «So ist die Homeoffice-Möglichkeit momentan eher wertvoll als Option, falls meine Hilfe mal außerhalb meiner Arbeitszeiten nötig wäre.» Damit sie dafür nicht extra ins Büro gehen müsse. Welche Rolle spielt der Vorgesetzte sonst in ihrem Alltag mit Kindern und Karriere? «Schon eine sehr große. Vorgesetzte müssen die Flexibilität ermöglichen, die wir brauchen, um beides bestmöglich unter einen Hut zu bekommen.» Für sie sei es von Vorteil gewesen, dass sie als Schulleiterin schon mehrere Jahre Erfahrung hatte, als sie das Pensum reduzierte. «Ich wusste inzwischen, wie der Hase läuft und war daher sicher entspannter.»

Was ist Julias Tipp für junge Frauen, die ebenfalls mit Kindern beruflich weiterkommen wollen? «Wenn ihr Kinder wollt und arbeiten möchtet, macht es irgendwie möglich», sagt Julia. «Habt Kinder und arbeitet so viel Prozent, wie es für euch stimmt.»

Karin: Schwanger zum Führungsjob

Karin ist 43 Jahre alt und hat einen Doktortitel in Chemie. Sie führte ein Laborteam, als sie mit dem ersten Kind schwanger wurde. Nach dem Mutterschaftsurlaub nahm sie unbezahlten Urlaub, bis ihr Sohn eins war.

«Seit ich wieder Vollzeit arbeite, bin ich entspannter und selbstbewusster, was Terminkollisionen anbelangt.» So lautet das Fazit Karins heute. Doch bis es so weit war, legte sie einen Weg zurück. Nach der Geburt ihres ersten Kindes und dem Mutterschaftsurlaub kehrte sie vorerst mit 60 Prozent zurück – zwei Tage vor Ort und die restlichen 20 Prozent flexibel über die Woche verteilt. Das Kind besuchte eine Kita und Karin hatte sich mit ihren 60 Prozent «gut arrangiert». Besonders positiv: Ihre Karriere ging weiter.

Sie bekam ein internes Jobangebot, einen Tag später erfuhr sie, dass sie schwanger war. Karin wollte den Job und legte die Karten offen auf den Tisch. «Ich sagte meiner potenziellen Chefin, dass ich diesmal nicht so lange Pause machen müsse.» Sie bekam die Stelle und war neu für einen Produktionsbetrieb mit rund 20 Mitarbeitenden verantwortlich.

Inzwischen ist sie nicht mehr in der Produktion tätig, sondern als Quality Product Lead in einer Matrix-Funktion. Sie kam zu ihrem heutigen Arbeitgeber, weil sie auf eine Vollzeitstelle, die bis auf das Pensum genau ihren Zielen und Fähigkeiten entsprach, aufmerksam wurde. «Ich habe mich beworben und schrieb, dass ich aktuell 60 Prozent arbeite, dass ich mir aber 80 vorstellen könnte.» Die Firma wollte sie und ermöglichte ihr das Teilzeitpensum, obwohl das ursprünglich nicht vorgesehen war. In den folgenden Jahren stockte Karin ihr Pensum erst auf 90 und vor fünf Jahren dann auf 100 Prozent auf. «Ich mag halt meinen Job echt gern.»

«Da ich jetzt im globalen Umfeld arbeite, hat sich das mit Vor-Ort-Sein und Arbeitszeiten ziemlich relativiert.» Im Prinzip könne sie ganz flexibel arbeiten. Aber in der Realität ist sie natürlich nicht 100 Prozent flexibel. «Ich habe am Freitag meinen Homeoffice-Tag. Da ich viel mit Asien oder den USA zu tun habe, wird es auch mal später oder sehr früh bei der Arbeit.» Seit ihr Großer die Oberstufe besucht, muss er morgens vor 7 Uhr los. «Meist gehen wir nun zusammen aus dem Haus, und mein Mann dann mit dem Kleinen.» Wenn abends noch Telefonmeetings mit den Kollegen in den USA anstehen, bleibt Karin manchmal länger im Büro. «Oder ich gehe nach Hause und wähle mich dann von dort aus ein.»

Überzeit kann Karin aufschreiben. «Ich ziehe sie ein, wenn die Kinder an Brückentagen schulfrei haben.» Ihr Mann arbeitet 100 Prozent und nur fünf Minuten von zu Hause entfernt. «So ist er schnell vor Ort, wenn mit den Kindern etwas wäre», sagt sie. Dafür könne er durch seinen Vertrag die Überzeit nicht kompensieren. «In der Kombination ermöglichen uns als Familie diese beiden Arbeitssituationen viel Flexibilität.» Die Söhne besuchen schon länger nicht mehr die Kita, sondern werden während den schulfreien Zeiten von einer Nanny betreut. «Ein Glücksfall für uns als Familie; aber je älter die Kinder werden, desto mehr wird das zum Auslaufmodell.»

Da Karin erst 60 Prozent arbeiten wollte und nun einen Vollzeitjob hat, stellt sich die Frage, ob es für sie trotzdem stimmt, dass die Kinder so viel fremdbetreut waren und sind. «Beim Großen war es noch eine ziemliche Hürde, da mein Mann und ich beide aus traditionellen Familien stammen.» Wirklich gehadert mit ihrer beruflichen Situation hatte Karin nur, als sie nach dem ersten Mutterschaftsurlaub ihre Arbeit wieder aufnahm. Das habe sie etwas erschreckend gefunden. «Als ich nach der einjährigen Babypause zurückkam, habe ich mich echt schwergetan, wieder reinzukommen. Ich haderte vor allem damit, dass nun andere die spannenden Sachen machten. Und dass an den Tagen, an denen ich nicht arbeitete, Dinge über meinen Kopf hinweg entschieden wurden.»

Welche Rolle spielen die Vorgesetzten? «Eine essenzielle», sagt Karin. «Sie müssen sich darauf einlassen, mich aber auch nicht wie jemanden behandeln, den man nicht für voll nehmen kann.» Im Grunde sei ja egal, aus welchem Grund die Leute manchmal von zu Hause aus arbeiteten. Früher habe sie lieber zu Hause die Welt auf den Kopf gestellt, als eine Meeting-Anfrage abzulehnen. «Ich habe erst über die Jahre gelernt, mich nicht dafür zu entschuldigen, wenn ich einen Termin verschieben musste.» Heute würde sie auch nicht mehr sagen: «Da kann ich leider nicht, da ist Laternenbasteln in der Kita», sondern: «Da hab ich einen privaten Termin.»

Welche Rolle spielen moderne Arbeitsinstrumente? «Sie sind unentbehrlich. Nicht nur wegen der Vereinbarkeit; im internationalen Umfeld würde es ohne diese technischen Errungenschaften schwierig.» Man dürfe aber die Bedeutung der Face-to-Face-Interaktion nicht unterschätzen. Viele Feinheiten der Kommunikation und Nuancen der Diskussion gingen durch Remote-Kontakt verloren. Scheinbar banale Dinge wie gemeinsame Essen nach Meetings ergäben eine andere Grundlage für die Zusammenarbeit. «Man darf auch nicht vergessen, dass es Länder gibt, in denen die Telefon- und Internetverbindungen viel schlechter sind, als wir das in Europa und den USA gewohnt sind», sagt Karin.

Welchen Rat hat Karin für junge Frauen, die auch mit Kindern beruflich etwas erreichen wollen? «Es ist wichtig, mit dem Partner darüber im Klaren zu sein, was die Wunschvorstellung und der konkrete Plan sind.» Natürlich sei das Modell nicht in Stein gemeißelt, aber die Grundsätze sollten geklärt sein. «Man muss sich bewusst sein, dass sich die eigene Wahrnehmung und Belastbarkeit mit der Zeit ändern können und die Flexibilität mit dem Älterwerden der Kinder Stück um Stück zurückkommt.» Sie selbst habe zum Beispiel jedes Mal gedacht: «Mehr arbeiten als das, was ich jetzt mache, geht nicht.» Und dann war es doch machbar. «Der Tag ist ohnehin immer voll.»

Katharina: Lieber kollegialer Austausch als totaler Freiraum

Katarina ist 43 Jahre alt und als In-House Counsel in ihrem Unternehmen rechtlich für eine DACH-Region zuständig. Als die Juristin zum ersten Mal schwanger wurde, war sie als rechte Hand des CEO und Chefs der Rechtsabteilung tätig.

«Ich würde gerne etwas von der Selbstbestimmtheit abgeben, wenn ich dafür wieder mehr in ein Team eingebettet wäre», kommentiert Katarina ihre heutige Doppelrolle als Kaderfrau und Mutter. Nach der Geburt ihres ersten Kindes bezog sie den gesetzlichen Mutterschaftsurlaub und hängte noch drei Monate unbezahlt hinten dran. Anschließend kehrte sie im 60-Prozent-Pensum zurück in ihren alten Job. «Es hieß, mit weniger könnte ich diese Stelle nicht machen.» Katarina blieb in der gleichen Position und bekam ihr zweites Kind. Erneut verlängerte sie den offiziellen Mutterschaftsurlaub auf ein halbes Jahr.

Zu jener Zeit hatte ihr Mann einen recht weiten Arbeitsweg. Da er 100 Prozent arbeitet, musste sie sich alleine darum kümmern, die Kinder in die Kita zu bringen und sie abends wieder abzuholen. Zusätzlich übernahmen die Großeltern einen Teil der Betreuung.

Als Katarinas Zweitgeborener vier Jahre alt war, wechselte sie nach zehn Jahren den Arbeitgeber. «Mir war es damals und ist es heute noch wichtig, dass ich auch mit reduziertem Pensum eine Position habe, in der ich vielfältig arbeiten kann», sagt sie. Neben verschiedenen Herausforderungen möge sie auch den Kontakt zu unterschiedlichen Leuten und kommuniziere gerne in unterschiedlichen Sprachen. Katarina kann – abgesehen von der physischen Ablage – auf alle für ihren Job relevanten Systeme auch von zu Hause aus zugreifen. «Das ist zentral für mich.» Genau so wichtig wie die technischen Voraussetzungen seien aber die Vorgesetzten: «Sie müssen bereit sein, das mitzutragen, und eine Struktur bieten, in der diese Arbeitsweise möglich ist.»

Es sei ihr sehr wichtig, dass sie in ihrem Team gut eingebettet sei. «Gerade wenn man Teilzeit arbeitet und Familie hat, ist es wichtig, dass jemand die Arbeiten auffangen kann, wenn man selbst gerade nicht kann.» Und außerdem sei der fachliche Austausch unverzichtbar in ihrem Job. «Bevor ich unsere Position bei einer Gegenpartei vertreten muss, bin ich froh, wenn ich sie intern vorbesprechen kann.» In ihrem heutigen Job kann Katarina sehr selbstbestimmt arbeiten. Eigentlich spielt es keine Rolle, ob sie zu Hause ihren Laptop aufklappt oder ins Büro fährt. «Das hat aber nicht nur Vorteile.» Sie sei eine Einzelmaske, da fehle manchmal der fachliche Austausch.

Auf familiärer Seite sei ihr Selbstbestimmung und Unabhängigkeit sehr wichtig. «Ich möchte, dass wir unser Familienleben so gestalten können, dass es für uns passt.» Seit die Kinder in der Schule sind, sei der Wochenplan der Familie ohnehin zu einem großen Teil fremdgesteuert. Inzwischen hat Katarinas Mann einen deutlich kürzeren Arbeitsweg und kann daher auch mehr von der Kinderbetreuung übernehmen. Die beiden führen eine Partnerschaft auf Augenhöhe, in der jeder sowohl für die Familie als auch für das Einkommen zuständig ist. «Ich betrachte uns als gemeinsames System. Meine finanzielle Unabhängigkeit ist mir auch deshalb wichtig, weil ich im Notfall auch alles alleine tragen könnte.»

Die Ansprüche, die Katarina an ihr Familienleben hat, und diejenigen, die sie an sich und ihre Arbeit stellt, führen manchmal auch zu Rollenkonflikten. Hauptgrund: die Zeit. «Es kommt halt immer wieder vor, dass ich weiß, ich will und muss jetzt nach Hause, aber auf der anderen Seite bin ich im Büro gerade an einem Thema dran und würde da eigentlich gerne noch weitermachen.»

Aus diesem Grunde sei auch das Netzwerk innerhalb der Wohngemeinde äußerst wertvoll: «Da wir die Eltern der Schulfreunde unserer Kinder schon länger kennen, können die Kinder problemlos bei einer anderen Familie zu Mittag essen, wenn von uns keiner daheim sein kann.» Von diesem System würden alle profitieren. Katarinas Rat an junge Frauen, die auch mit Kindern ihre berufliche Laufbahn weiterverfolgen möchten? «Junge Familien sollen sicherstellen, dass sie eine gute Umgebung haben – sowohl am Arbeitsplatz als auch zu Hause.»

Nadine: Flexibilität im Familienverbund

Nadine ist 39 Jahre alt und Leiterin Strategische Entwicklung eines Unternehmens im Gesundheitswesen. Sie hat VWL studiert und in Gesundheitsökonomie doktoriert.

«Ich arbeite sehr gerne in meinem Beruf und brauche diese mentale Herausforderung», sagt Nadine. Als sie mit ihrer ersten Tochter schwanger wurde, war sie in der Unternehmensberatung tätig und aufgrund ihrer Mandate in der ganzen Schweiz unterwegs. Nach einem halben Jahr Mutterschaftsurlaub stieg sie mit 60 Prozent wieder in ihrem alten Job ein. Nadines Mann hat eine 60-Prozent-Anstellung und ist daneben noch freiberuflich tätig. Mit diversen Einsätzen am Wochenende kommt er auf ein 100-Prozent-Arbeitspensum.

Die Tochter wurde an Nadines Arbeitstagen von ihrem Mann und in der Kita betreut. «Das war eine unglaublich anstrengende Zeit», sagt Nadine rückblickend, denn ihre Tochter war im ersten Winter etwa einmal pro Monat krank, konnte nicht in die Kita, «und in der Woche danach erwischte es dann meistens mich auch noch.» Die Folge: Nadine hatte sehr viele Fehltage und konnte ihren beruflichen Ansprüchen nicht wirklich gerecht werden.

Nach der zweiten Schwangerschaft wechselte sie den Job. Nun war sie beruflich nicht mehr so viel unterwegs. Gleichzeitig stellte die Familie von Kita-Betreuung auf eine Nanny um, die zu ihnen nach Hause kam. «Ja, finanziell gesehen war das ein ziemlicher Brocken», sagt sie. Doch heute, da ihre Töchter in der Schule und im Kindergarten sind, sieht sie die Situation anders: «Es sind ja wirklich nur ein paar Jahre, in denen man dieses große Betreuungspensum finanzieren muss. Mit dem Eintritt ins Schulsystem reduzieren sich die Kosten deutlich.» Sie sehe die hohen Nanny-Ausgaben als Investition an. «Und die Vorteile waren so deutlich spürbar für uns.» Die Eltern konnten die Kinder noch im Pyjama übergeben und fanden bei der Rückkehr aus dem Büro eine aufgeräumte Wohnung vor. «Für uns war das in diesem Moment einfach die stressfreieste Variante.» Nadine würde diese Investition in eine Nanny auch anderen Familien empfehlen. «Ich konnte mit diesem Betreuungsmodell viel zuverlässiger arbeiten.»

Seit die Kinder etwas größer sind, organisiert sich Nadines Familie zusammen mit einer anderen Familie im Haus. «Wir vier Erwachsenen teilen uns die Betreuung der insgesamt vier Kinder auf.» Anfangs übernahm die Nanny noch einen Tag in der Woche, die anderen vier konnten die vier Elternteile unter sich aufteilen. Mit dem Kindergarteneintritt der Kleinsten installierten die beiden Familien ihr heutiges Betreuungsmodell: Jeweils ein Erwachsener hält sich einen Vormittag zur allfälligen Notfallbetreuung kranker Kinder frei, übernimmt den Mittagstisch für die vier Kinder und hält so den anderen drei Elternteilen bis 14 Uhr den Rücken frei. Am fünften Tag übernehmen inzwischen die Großeltern den Mittagstisch.

Nadine arbeitet heute 80 Prozent, die sie auf fünf Tage verteilt. «Ich arbeite an zwei Tagen pro Woche ganztags, an drei Tagen jeweils von 8 bis 13.30 Uhr und kann dann die Kinder übernehmen.» Grundsätzlich hat sie keinen fixen Homeoffice-Tag. «Mein Arbeitsweg ist sehr kurz und ich bin in meinem Job sehr oft in Workshops und Meetings – da macht das wenig Sinn. Ich möchte die Leute sehen, mit denen ich zusammenarbeite.» Die technische Infrastruktur des Remote-Zugriffs nutzt sie trotzdem: abends, wenn die Kinder im Bett sind und sie noch etwas erledigen muss. «Aber wenn ich zum Beispiel am Wochenende etwas aufarbeiten möchte, gehe ich lieber für zwei Stunden ins Büro und habe dort meine Arbeitsumgebung.»

Um die Schulferien abzudecken, arbeitet Nadine unter dem Jahr mehr als ihr vertraglich definiertes Pensum. «Diese Stunden kann ich während der Ferien abbauen und so diese Zeit mit der Familie verbringen.»

Petra: Flexibel dank gutem Netzwerk

Petra ist Leiterin Strategie, Innovation & Nachhaltigkeit bei einer Bank und hat die Führungsverantwortung für sechs Mitarbeitende. Die heute 40-Jährige hat Politikwissenschaften und Volkswirtschaftslehre studiert und arbeitete bis zur Geburt ihres ersten Kindes zu 100 Prozent.

«Ich habe immer gekämpft. In meiner Arbeit sehe ich großen Sinn», gibt Petra unumwunden zu. Dennoch blieb sie nach ihren beiden kurz aufeinander folgenden Geburten jeweils sechs Monate zu Hause und stieg anschließend mit 60 Prozent wieder ein.

Mit einem Stellenwechsel nach etwa zwei Jahren erfolgte der nächste Karriereschritt. Um diesem Job gerecht zu werden, erhöhte Petra ihr Pensum auf 80 Prozent – die sie jedoch weiterhin an drei Tagen bestritt. Ein Jahr später reduzierte sie die täglichen Arbeitsstunden wiederum und bewältigte ihr Pensum nun an vier Tagen. In den darauffolgenden Jahren erhöhte sie sukzessive wieder auf 100 Prozent.

Der Beruf spielt eine wichtige Rolle in Petras Leben; losgelöst von der Arbeitszeit. «Für mich ist es sehr wichtig, dass ich zwischendurch im Homeoffice arbeiten kann und neben der örtlichen Flexibilität auch die Möglichkeit habe, meine Arbeitszeiten selbst zu gestalten», sagt die zweifache Mutter.

Die Kinderbetreuung ist größtenteils in der Familie geregelt: Petra kümmert sich gemeinsam mit ihrem Ex-Mann um die Kinder, weitere Verwandte decken heute drei Wochentage ab. An einem Tag kommt eine Nanny. Da die Kinder inzwischen im Schulalter sind, kann Petra nun einen Wochentag selbst bestreiten, in dem sie im Homeoffice arbeitet und so Randzeiten und Mittagessen abdecken kann. Der Vater der Kinder übernimmt 35 Prozent der Betreuungszeit. Ein- bis zweimal in der Woche übernachten die Kinder bei ihm. Zudem sind sie jedes zweite Wochenende bei ihrem Vater. Die ganze Organisation liege jedoch bei ihr, sagt Petra.

«Die Aussage, dass Karriere in einem Teilzeitpensum unter 80 Prozent nicht machbar ist, stimmt für mich», sagt Petra. Sie räumt jedoch ein, dass sie nicht wisse, ob es vielleicht in einem anderen Job besser möglich wäre. «Ich denke, dass ich diesen Karriereschritt nicht hätte machen können, wenn ich bei einem 60-Prozent-Pensum geblieben wäre.» Für sie habe Verantwortung übernehmen viel mit Verfügbarkeit zu tun.

«Ich hatte nie einen Nachteil dadurch, dass ich eine Frau bin», sagt Petra. Das Frau-Sein habe ihr eher auch mal eine Türe geöffnet: «Ich habe so die Chance bekommen, mich zu beweisen.» Auch die Schwangerschaften respektive im Vorfeld die potenzielle Schwangerschaft habe sie nie als nachteilig empfunden. Auch heute sieht sie sich durch ihre Mutterschaft nicht benachteiligt im Job. «Ich musste mich nie für meine Kinder entschuldigen.» Sie würden jedoch im Berufsalltag auch keine große Rolle spielen, sagt Petra. «Dadurch, dass meine Familie einen wichtigen Teil der Betreuung übernimmt, hatte ich so gut wie noch nie einen Fehltag aufgrund kranker Kinder.»

Schwierig werde es eher mit Sitzungen zu Unzeiten. «Sitzungen frühmorgens oder am Abend sollten eine Ausnahme sein – auch für Kinderlose», sagt sie. Ihr eigener Kalender sei an den Morgen, an denen sie die Kinder bei sich habe, jeweils geblockt, damit das gemeinsame Frühstücken nicht ausfalle. Als Strategin sei ihr eines wichtig: «Wir brauchen Mitarbeitende, die unternehmensorientiert denken und handeln – unabhängig davon, ob sie nun Kinder haben oder nicht.»

Warum war Petra bis jetzt beruflich so erfolgreich? «Ich konnte meine Leistung immer erbringen», sagt sie. Es liege mit Sicherheit auch an ihrer Flexibilität. «Ich war stets gewillt, flexibel zu sein und Lösungen zu finden.» Wer Karriere machen wolle, müsse bereit sein, die Extrameile zu gehen. Unabhängigkeit, auch finanzieller Art, sei ihr persönlich sehr wichtig. Daher war für sie schon früh klar, dass sie sich beruflich weiterentwickeln wollte und dass sie marktfähig bleiben muss. «Karriere hat für mich mehr mit einer permanenten Weiterentwicklung als mit mehr Macht und Geld zu tun.» Dafür habe sie aber auch einiges in Kauf genommen: «Ich habe bei der gemeinsamen Zeit mit meinen Kindern Abstriche gemacht und hatte lange kaum Zeit für mich.» Doch eines ist für sie grundlegend: «Ich habe mich ganz bewusst für beides entschieden.»

Ebenfalls bei Zytglogge erschienen

Nora Bader / Andrea Fopp
FRAU MACHT MEDIEN
Warum die Schweiz mehr Journalistinnen braucht
ISBN 978-3-7296-5037-4

Der Journalismus ist eine Männerbranche. Der Konkurrenzkampf ist heftig, die Vereinbarkeit von Beruf und Familie schwierig – und die Arbeitsbedingungen für Frauen sind unattraktiv: Eine Journalistin verdient gemäss einer Studie der FHNW im Schnitt 1100 Franken pro Monat weniger als ein männlicher Kollege. Auf drei von vier Chefsesseln sitzen Männer, und ein durchschnittliches Politikressort besteht aus sieben Redaktoren und drei Redaktorinnen. Das ist bedenklich: Eine Demokratie braucht eine vierte Gewalt, in der auch ihre Bürgerinnen vertreten sind.

Was braucht es, um als Frau im Journalismus zu bestehen, und was müssen die Medienhäuser unternehmen, um mehr Journalistinnen nachzuziehen?

Ebenfalls bei Zytglogge erschienen

Christel Maurer
Beseelte UnternehmerInnen
Plädoyer für einen Wandel in der Wirtschaft
ISBN 978-3-7296-0969-3

Die Wirtschaftsskandale der letzten Jahre haben das Unternehmertum in Verruf gebracht und hitzige Debatten über die Mass- und Gewissenlosigkeit in den Vorstandsetagen ausgelöst. Zugleich bangen immer mehr Arbeitnehmerinnen und Arbeitnehmer um ihren Job.

Die Unzufriedenheit vieler Menschen am Arbeitsplatz ist beträchtlich. Die Zahl der Burn-out-Erkrankungen nimmt zu. Obwohl sich Klimawandel, Ressourcenknappheit und Umweltbelastung bemerkbar machen, agieren viele Unternehmerinnen und Unternehmer, als könne nach bisherigen Mustern einfach weiter gewirtschaftet werden.

Diesen düsteren Aussichten stellt die Unternehmensberaterin Christel Maurer den Entwurf eines Unternehmertums gegenüber, das nicht Teil des Problems, sondern Teil der Lösung sein will.

Ebenfalls bei Zytglogge erschienen

Mathias Morgenthaler
Out of the Box
Vom Glück, die eigene Berufung zu leben
ISBN 978-3-7296-0968-6

Der Grundstein für eine ‹Anpassungskarriere› wird früh gelegt. In der Schule lernen wir, keine Fehler zu machen und durch korrekte Antworten gute Noten zu erhalten. Dieses Muster setzt sich in Ausbildung und ersten Jobs fort. Eines Tages sind wir Experten in unserem Fachgebiet, fragen uns aber gleichzeitig, was das alles mit uns zu tun hat, wie gross unser Spielraum ist bei dem, was wir tun, und ob wir damit wirklich etwas bewegen können. Muss das so sein? Oder gibt es eine andere Art zu arbeiten, die nicht nur Erfolg, sondern auch Erfüllung verspricht?

Das Buch macht Lust auf die Auseinandersetzung mit der eigenen Berufung. Es zeigt anschaulich die Vielfalt möglicher Arbeitsformen und erinnert daran, dass der Beruf nicht einfach ein Job ist, sondern die Entscheidung für eine Lebensform.

Foto: Doris Flubacher

Nadja Schwarz
Geb. 1982 in St. Gallen, Studium der Gesellschaftswissenschaften an der Universität Fribourg. Nach ersten Berufsjahren im Tagesjournalismus suchte sie ein Feld, in dem sie sich bessere Voraussetzungen für die Vereinbarkeit von Familie und Beruf erhoffte. Der Plan ging auf: Die vierfache Mutter arbeitet heute Vollzeit als Expertin für Unternehmenskommunikation.

www.nadjaschwarz.info